KB019207

차별의 말 대신

배려의 말로!

배려의 말로!

김슬옹 지음

차별의 말 대신

마리 인문

마리북스

말은 세상을 비추는 거울

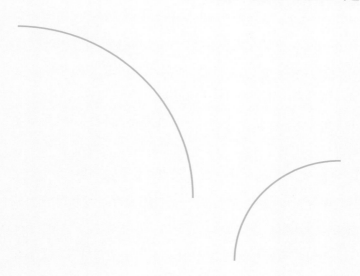

말은 세상을 비추는 거울입니다. 이 세상의 온갖 일들이 말에 담깁니다. 그런데 말이라는 거울은 일반 거울과 다르기도 합니다. 말은 있는 그대로 비추기도 하지만, 때로는 굴곡지게 비추기도 하고, 때로는 강렬하게 반사해서 오히려 세상을 바꾸기까지 하지요.

차별어는 차별하고 차별받는 세상을 비춥니다. 차별어는 더 나아가 차별하는 세상을 부추기거나 차별의 모순을 덮어버려, 차별받는 아픔을 무디게 만들어 버립니다.

결혼 적령기를 넘긴 청년들이 가장 싫어하는 말이 '미혼'이라고 합니다. 결혼을 안 한 것이 마치 자신들의 능력 부족인 양 몰아가는 말이기 때문입니다. 어떤 청년은 '비혼'이라는 말이 생긴 뒤에야 '미혼' 스트레스에서 어느 정도 벗어날 수 있었다며 행복하기까지 하다고 했습니다.

의사소통의 도구인 언어는 공동체의 정신과 가치를 반영하면서 우리의 의식과 행동을 좌우합니다. 그래서 올바른 언어 사용은 우리 삶을 긍정적인 방향으로 이끌지만, 그 반대로 그릇된 언어 사용은 우리 의식을 마비시키고 행동의 변화를 가로막습니다.

특히 차별어는 사람들 사이의 차별을 반영하거나 은연중에 차별을 부추깁니다. 그렇게 의식적으로든 무의식적으로든 차별어가 차별하는 대상을 비판 없이 차별하도록 심각한 편견 속에 우리를 가둬 버립니다. 다양한 사회적 관계를 맺으면서 내가 차별어 대상이 되어 차별당할 수도 있는데, 그 사실은 망각하고서 말입니다. 무의식적으로라도 차별어를 쓰지 말아야 할 이유가 여기에 있습니다.

차별어는 상대방뿐만 아니라 그 말을 쓰는 당사자에게도 나쁜 영향을 끼칩니다. 이를테면 배우자인 아내를 '집사람'이라고 많이들 부릅니다. 이 말은 아직도 가사 노동은 여자가 담당해야 한다는 편견을 은연중에 담고 있습니다. 그렇다고 이 말이 남편들에게 유리한 것도 아닙니다. 가사 노동을 함께 나눌 때 가정의 행복이 피어나기 때문입니다.

우리의 무의식을 지배하는 차별어의 영향력에서 벗어나기 위해서라도 차별어를 제대로 아는 게 중요합니다. 이 책에서 처음 시도한 차별어 분류는 차별어의 실상을 더욱 구체적으로 드러내고, 왜 우리가 그런 차별어들에서 벗어나야 하는지도 잘 보여 줍니다.

중학교에서 차별어 바로 알기 수업을 꾸준히 하고 있는 선생님이 계십니다. 그 수업을 듣는 학생들은 모두 하나같이 깜짝 놀란다고 합니다(신효은 선생님). "평소 많이 쓰는 낱말들에 차별이나 혐오의 의미가 담겨 있다니 충격적이에요. 지금이라도 알게 되어서 정말 다행이에요. 그런 말들을 여전히 쓰는 주변 친구들에게도 그 뜻은 알고 쓰느냐고 물어보고 싶어요. 이제라도 생각 없이 쓰지 않으려고 노력할 거예요."

차별하지 않고 차별받지 않는 세상을 위해 소중한 책을 기획해 준 마리북스 편집부의 안목에 감사드립니다.

2023년 11월

김슬옹

차례

개독교, 개병대, 개슬람·개이슬람, 개쌍도, 개저씨, 검둥이·깜둥이, 경상디언·문뎅이, 계집애, 곱사등이·꼽추, 공돌이·공순이, 군무새, 군바리, 군캉스, 귀머거리, 기레기, 기생오라비, 김치녀, 꼰대·꼰머, 난쟁이, 남존여비, 냄저·냄져, 노가다, 놈, 늙은것·노인네, 니그로, 되놈·떼놈, 된장녀, 딴따라, 딸배, 땅콩·뚱보·뚱녀·왕폭탄, 땡중, 똥남아, 라도, 마기꾼, 맹인·봉사·소경·장님, 머저리, 멍청도, 무뇌아, 무당질, 미친놈, 백치미, 벙어리, 병신, 병크, 보모·식모·유모, 봉급쟁이·월급쟁이, 뺀질이·뻔질이, 삐끼, 상것·상놈·아랫것·천민, 서울깍쟁이, 셀카 고자·셀고, 숏다리, 신용불량자, 아줌마, 애꾸(눈), 애자, 양키, 어린것·어린애, 언청이, 여편네·부엌데기·솥뚜껑 운전수, 예수쟁이, 오랑캐, 오징어, 오크남·오크녀, 외눈박이, 왜놈·왜인, 잡상인, 잡역부, 잡종, 잼민이, 저능아, 전라디언·깽깽이, 절름발이, 젊은것·젊은애·요즘 것, 점쟁이, 중고남·중고녀, 중궈·쭝궈, 지잡대, 짠돌이, 짠물, 짭새, 착짱죽짱, 천치, 철밥통, 촌놈, 촌뜨기, 출가외인, ○○충, 코쟁이, 트롤, 트페미, 핫바지, 호모, 흑형, 히키코모리

2장 | 구별과 차별을 구분해야 할 비대칭 차별어 ─────

175

1남 2녀, 남녀, 남자 간호사, 남자 리듬체조 선수, 남자 미용사, 남자 승무원, 남자 전업주부, 남혐·여혐, 내조·외조, 녹색어머니회, 동성연애자, 미혼여성, 미혼모, 바깥사돈·안사돈, 부모, 부자유친, 섹시, 시댁·처가, 시아버지·시어머니, 신데렐라, 아들딸, 여경·여군·여전사, 여교사·여기자·여배우·여의사·여직원·여행원, 여중생·여고생·여대생, 영계, 외가·친가, 외할머니·외할아버지, 자매결연, 쭉쭉빵빵, 청일점·홍일점, 친할머니·친할아버지, 편모·편부, 학부형, 한남·한녀, 형제애

위험한
네 가지 차별어

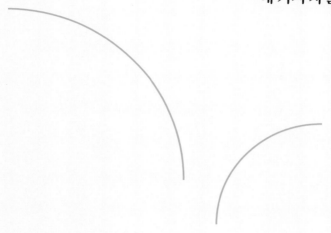

어떻게 차별어라고 판단할 수 있을까?

우리 사회는 나이, 종교, 성, 인종, 문화 등 수많은 다양성으로 구성되어 있습니다. 말은 소통하고 배려하며 그 다양성을 아우르는 통합 기호가 되어야 합니다. 그런데 차별어는 사회 통합을 오히려 방해하면서 성별, 세대별, 지역 간 갈등을 드러내고 조장하며 양산하는 역할을 합니다. 특히 인터넷상으로 비대면 소통이 활발해지면서 차별하고 배척하는 말이 더욱 득세

하고 있습니다. 오죽하면 캐나다의 하원의원과 법무부장관을 역임한 저명한 법학 교수 어윈 코틀러Irwin Cotler가 '국제 홀로 코스트 희생자 추모의 날(2009)' 기조연설에서 "홀로코스트는 가스실에서 시작되지 않았다. 이는 말에서 비롯된 것이다"라 고 했겠습니까.

차별어란 사회적 약자 또는 특정 대상을 직간접으로 부정 하며 무시하고 경멸하거나 공격하는 낱말, 구, 문장 등의 모든 언어 표현으로 정의할 수 있습니다. 좁게는 어휘만을 가리키 지만 넓게 보면 차별 담화까지 모두 가리키는데, 이 책에서는 어휘만을 다루기로 합니다.

그런데 차별어 문제는 누구나 심각하다고 인지하지만, 정 확히 무엇이 차별어인지, 차별어의 범위를 어디까지로 한정할 지는 아직 사회적 합의가 충분히 이루어지지 않았습니다. 누

[차별어의 특성]

언어	사람	생각/관습	사회
○ 비속어 ○ 부조화 ○ 나쁜 의미 ○ 불소통	○ 멸시, 조롱 ○ 모욕 ○ 경멸 ○ 공격	○ 편견 ○ 고정관념 ○ 선입견 ○ 왜곡	○ 분열, 편 가르기 ○ 나쁜 이데올로기 ○ 잘못된 역사 ○ 그릇된 풍속

이 책을 읽기 전에

구나 차별어라고 느끼는 명백한 차별어도 있는 반면, 관점이나 맥락에 따라 차별어일 수도 아닐 수도 있는 차별어도 있기 때문입니다. 그러나 다음과 같은 특성을 지니고 있으면 차별어로 보아도 무방합니다.

- ◆ 차별어를 쓰면 의도적이든 아니든 비인격자가 됩니다. 상대에 대한 멸시와 조롱, 모욕과 경멸, 배척과 배제, 비난과 공격을 담고 있는 말을 입에 올리면 실제 행동도 그렇게 하게 됩니다.

- ◆ 차별어에는 비속어가 많고, 은어나 유행어로 유통되기도 합니다. 의미 면에서 차별어는 잘못된 의미나 나쁜 의미를 담고 있습니다.

- ◆ 비대칭어도 차별어에 해당합니다. 비대칭어의 한 가지 예로 '여의사'를 들 수 있는데, '남의사'라는 대칭어가 국어사전에 따로 등재되어 있지 않습니다.

- ◆ 분열과 편 가르기를 조장하거나 그와 비슷한 의도에서 나온 말도 차별어입니다. 또는 가부장 이데올로기

처럼 나쁜 이데올로기, 잘못된 역사, 그릇된 풍속을
담은 말들도 마찬가지입니다.

◆ 차별어에는 고정관념, 편견, 선입견 또는 뒤틀린 사고
  방식이 깔려 있습니다. 그런 식의 생각을 의식과 무의
  식에 자리 잡게 하기 때문에 더욱 문제가 됩니다.

우리가 경계해야 할 네 가지 차별어

이러한 특성들을 지닌 차별어는 네 가지 유형으로 분류할 수
있습니다. 이 분류를 토대로 각 장별로 우리가 반드시 경계해
야 할 차별어들에 대해 더욱 구체적으로 이야기하겠습니다.

[차별어의 유형]

노골적 차별어	비대칭 차별어	관습적 차별어	다의적 차별어
• 비속어	• 불균형 어휘	• 역사적	• 비차별+차별 뜻
• 은어, 유행어	• 고정관념	• 비의도적	• 맥락 의존 강함
• 모욕, 혐오 표현	• 성차별 어휘 집중	• 무의식	• 사회적 합의 중요
• 언어폭력	• 대안어 모호	• 문맥	• 의도성 중요

◆ **노골적 차별어** | 비속어나 혐오 표현과 같이 차별 의도 또는 차별 내용이 언어 형식이나 내용으로 가시적으로 드러나는 차별어를 말합니다(모든 비속어가 차별어라는 뜻은 아닙니다). 누구나 차별어로 인식합니다. 노골적 차별어는 아예 쓰지 않거나 대안어를 써야 합니다.

◆ **비대칭 차별어** | 차별의 의미를 담고 있지는 않지만, 다른 어휘와의 관계 속에서 차별적 의미가 드러나는 차별어를 가리킵니다. 대칭어가 없거나 앞뒤·선후 관계가 균형이 맞지 않거나 조화롭지 못한 경우가 대부분입니다. 대안어를 쓰는 것이 바람직하나, 대안어가 마땅치 않으면 그대로 써도 됩니다.

◆ **관습적 차별어** | 잘못된 역사나 그릇된 풍속이 반영되어 편견이나 고정관념으로 굳어진 차별어로, 차별어인지 모르고 쓰는 경우가 많습니다. 그러나 이를 의식하지 못하더라도 차별어이므로 되도록 쓰지 않거나 대안어를 써야 합니다.

◆ **다의적 차별어** | 다의어로서 차별할 의도 없이 말하더라도 문맥적·맥락적 의미에 차별 뜻이 담기면 차별어입니다. 따라서 말하는 사람에게 차별 의도가 없고 문맥적·맥락적 의미로도 차별 뜻이 없으면 차별어가 아닙니다. 이러한 말을 그대로 써도 될지, 대안어를 써야 할지는 문맥과 맥락에 따라 결정합니다.

물론 차별어를 없앤다고 우리 사회의 차별 문제가 온전히 사라지지는 않습니다. 그러나 차별어가 문제의식 없이 쓰이는 한 차별은 분명 끊임없이 재생산됩니다. 위험한 차별어를 쓰지 않으려면 우선 무엇이 차별어인지부터 제대로 인식해야 합니다. 굳이 차별어를 분류해서 이야기하는 것도 그 때문입니다. '분류'를 거치면 차별어의 실체가 좀 더 구체적이고 체계적으로 드러날뿐더러 차별어가 쓰이는 맥락까지 확실하게 파악할 수 있습니다.

차별어 분류는 필자의 독창적인 분류이기는 하나, 차별어 연구의 개척자이신 이정복 선생님의 《한국 사회의 차별 언어》가 많은 도움이 되었습니다. 또한 이 책이 사전 방식이어서 국립국어원 '우리말샘'의 뜻풀이를 많이 참고했으나 일일이 그 출처를 밝히지는 않았음을 미리 이야기해 둡니다.

노골적 차별어

1장 아예 쓰지 말거나 당장 바꿔야 할

노골적 차별어는 일종의 가시적 차별어로, 말하는 사람이 분명 차별하려는 의도로 말을 한다는 것이 명백하게 드러나 누구나 차별어로 인식합니다. 비어나 속어, 모욕어나 혐오 표현, 직접적 언어폭력에 해당하는 어휘들이 여기에 속합니다.

　가시적 차별어의 대표 유형인 비어는 이른바 욕설로, 몰가치 언어폭력입니다. '-년(미친년, 씨발년 등)'은 성별을 불문하고 상대를 멸시하거나 비난하려는 의도를 드러내는 호칭으로 빈번하게 쓰이는 욕입니다. 남성이 남성을 공격적으로 지칭할 때도 '-놈'이 아닌 '-년'을 종종 씁니다. 그렇게 하면 상대의 기분을 더 나쁘게 만들 수 있다고 여기기 때문인데, 이는 성별 차별까지 고스란히 드러냅니다.

모욕적인 혐오 표현도 넘쳐 납니다. 은어성 유행어로 만연하고 있는 '-충(틀딱충, 게임충, 한남충, 맘충 등)'이 그 대표적인 예입니다. '벌레'를 의미하는 '충蟲'을 단어 끝에 넣어 특정 부류를 비하합니다.

이러한 노골적 차별어는 장애인, 여성 같은 사회적 약자를 지칭하는 어휘에 집중되어 있습니다. '장애(뭔가 이상한 짓을 하는 사람)', '흑형(흑인)', '트롤(게임을 못하는 사람)', '오징어(못생긴 사람)', '페미(본뜻과는 다르게 뚱뚱한 여성을 지칭하는 말로 쓰임)', '애자(장애자) 새끼'……. 이런 말들은 누가 들어도 경멸과 모욕, 상대를 공격하려는 의도가 선명하게 느껴집니다.

영어를 비롯한 외국어 남발을 일종의 노골적 차별어로 보는 견해도 있습니다. 세계화 시대여서 부득이하게 외국어를 수용하지 않을 수 없지만, 외국어를 사용할수록 지식인, 교양인이라는 몰지각한 태도가 문제입니다. 외국어로 된 아파트 이름부터 간판 상호까지 너무도 일반적인 현상이 되어 버렸습니다. 이제 그 이름만으로는 무엇을 가리키는지 알 수 없을 뿐만 아니라 어느 나라말인지도 알기 어려운 지경이 되었습니다. 특히 공공 언어에서 외국어 남용은 분명 그 외국어를 모르는 사람들에 대한 차별입니다. 그러나 특정 어휘로 한정할 수 없이 방대하므로 여기서는 다루지 않겠습니다.

　　노골적 차별어는 명백히 잘못된 표현이므로 아예 쓰지 말아야 합니다. 대안어를 쓰거나, '개독교'처럼 '기독교'라는 원래 쓰던 말이 있다면 그 말이 대안어가 됩니다. '신용불량자'처럼 대안어가 쉽게 떠오르지 않는 차별어는 대안어를 공부해야겠습니다.

노골적 차별어

· 가족, 이웃 관련 차별어	신용불량자
· 나이, 계층 관련 차별어	꼰대·꼰머, 늙은것·노인네, 상것·상놈·아랫것·천민, 어린것·어린애, 잼민이, 젊은것·젊은애·요즘 것
· 여성, 성소수자 관련 차별어	개저씨, 계집애, 기생오라비, 김치녀, 남존여비, 냄저·냄져, 놈, 된장녀, 아줌마, 여편네·부엌데기·솥뚜껑 운전수, 중고남·중고녀, 짠돌이, 출가외인, 트페미, 호모

· 외모, 장애 관련 차별어	곱사등이·꼽추, 귀머거리, 난쟁이, 땅콩·뚱보·뚱녀·왕푹탄, 마기꾼, 맹인·봉사·소경·장님, 머저리, 무뇌아, 미친놈, 백치미, 벙어리, 병신, 병크, 셀카 고자·셀고, 숏다리, 애꾸(눈), 애자, 언청이, 오징어, 오크남·오크녀, 외눈박이, 저능아, 절름발이, 천치
· 인종, 출신 관련 차별어	개쌍도, 검둥이·깜둥이, 경상디언·문뎅이, 니그로, 되놈·떼놈, 똥남아, 라도, 멍청도, 서울깍쟁이, 양키, 오랑캐, 왜놈·왜인, 잡종, 전라디언·깽깽이, 중궈·쭝궈, 지잡대, 짠물, 착짱죽짱, 촌놈, 촌뜨기, 코쟁이, 핫바지, 흑형
· 종교 관련 차별어	개독교, 개슬람·개이슬람, 땡중, 무당질, 예수쟁이, 점쟁이
· 직업, 노동 관련 차별어	개병대, 공돌이·공순이, 군무새, 군바리, 군캉스, 기레기, 노가다, 딴따라, 딸배, 보모·식모·유모, 봉급쟁이·월급쟁이, 뺀질이·뻔질이, 삐끼, 잡상인, 잡역부, 짭새, 철밥통
· 기타	○○충, 트롤, 히키코모리

× 개독교

'개독교'는 기독교의 '기' 대신에 발음이 비슷하면서 '헛된', '쓸데없는'의 의미를 더하는 접두사 '개-'를 붙인 노골적 차별어입니다. 한편으로는 '개 같은 기독교'의 의미로 사용하며 기독교를 혐오하는 표현이기도 합니다. 이때는 '개독교'를 더 줄여서 '개독'이라고도 합니다.

개독교의 '개'를 '개신교改新敎'의 '개改'라고 생각할 수도 있지만 전혀 그렇지 않습니다. '개신교(프로테스탄트)'는 16세기 종교개혁의 결과로 기존 로마가톨릭교회를 '구교'라고 하고, 새로 성립된 종교 단체 또는 그 분파를 가리키는 말로 자리 잡았습니다.

개독교라는 말은 2000년대 이후 일부 기독교인들의 정치 행위에 대한 반감으로 더욱 확산됐습니다. 설령 그렇다 하더라도 이러한 표현은 대다수 선량한 기독교인들에게 모욕감을 주는 차별어가 될 수 있습니다. 특정 종교를 혐오하는 표현은 종교 갈등뿐만 아니라 사회 분열로 이어지므로 쓰지 말아야 합니다. 무엇보다도 이러한 혐오 표현은 일부 기독교인들의 일탈로 더욱 확산되는 만큼 기독교계의 자정 노력이 중요하기도 합니다.

○ 개독교 대신 기독교

+ 기독교인들은 '개독'이나 '개독교' 혹은 '먹사(목사)'라는 표현에 분노하지 말고 그들이 말하는 내용을 검토해 볼 필요가 있다.

× 개병대

'개병대'는 '해병대'의 '해' 대신에 '헛된', '쓸데없는'의 의미를 더하는 접두사 '개-'를 붙인 노골적 차별어입니다. 이때의 '개'는 사람이 아닌 동물을 뜻하기도 하므로, 개병대는 대한민국 '해병대'를 낮잡아 부르는 말로 쓰이고 있습니다. 현역 또는 예비역 해병대원들이 다른 군인들보다 더 혹독한 훈련을 받는 자부심을 지나치게 드러내기에 그 반감으로 생겨났습니다.

　'개병대'는 매우 오래전부터 쓰여 온 말로, 해병대의 악습이나 군기 등을 풍자하고자 사용되기 시작했습니다. 일부 견해에 따르면, 1950년대에 휴가 나온 해병들이 지나친 음주로 사고를 빈번하게 저지르고, 민간인들에게 끼치는 폐해가 크자 자연스럽게 붙은 별명이라고 합니다. 한편으로는 해병대 복무를 마친 일부 몰지각한 예비역들이 폭력 사고를 치거나 사람들에게 못된 성깔을 부리는 경향이 많아, 이를 빗대서 부르게 된 말이라고도 합니다.

하지만 현역으로 성실하게 복무하는 해병대원들에게나 국방 의무를 충실하게 마친 후 사회생활을 하는 해병대 출신도 많습니다. 그들에게 '개병대'는 큰 모욕감을 주는 차별어가 아닐 수 없습니다. 특정인의 일탈을 꾸짖되, 소속 구성원 모두에게 피해를 줄 수 있는 차별어는 쓰지 말아야 합니다.

○ 개병대 대신 해병대

+ 해병대의 전우애는 너무나 끈끈해서 때로는 부러움의 대상이 되곤 하지.

✕ 개슬람, 개이슬람

'이슬람(교도)', '이슬람교'에 접두사 '개-'를 붙인 노골적 차별어로 '개이슬람', '개이슬람교'를 다시 '개슬람'으로 줄여서 말하기도 합니다. 이 또한 '개독교'와 같이 특정 종교(이슬람교)를 혐오하는 표현으로, 이슬람교나 이슬람교도들을 비하하거나 비아냥거리는 말로 사용됩니다. 나아가 중동을 포함한 이슬람 국가들, 그리고 이슬람권 지역을 비난하는 말로도 쓰입니다.

'개독교'와 같이 사람이 아닌 동물을 뜻하기도 하는 부정 접두사를 붙였지만, 성격은 조금 다릅니다. '개독교'는 특정한 정치 성향을 보이는 기독교인들에게 쓰다가 확산됐지만, '개슬람, 개이슬람'은 이슬람교 전체에 대한 지역적 편견에서 비롯됐기 때문입니다. 물론 일부 과격 이슬람교도들을 바라보는 사회적 거부감에서 비롯된 측면도 있긴 합니다.

어디에서 유래됐든 이러한 말은 종교 전체에 대한 편견이나 불신을 조장하는 노골적 차별어입니다. 특히 종교 차별어의 확산은 사회적 파장도 큽니다. 더욱이 '개슬람, 개이슬람'과 같은 차별어는 지역적, 민족적 차별까지 내포하고 있어 자칫 국가 간의 분쟁으로도 번질 수 있습니다. 그나마 다행이랄까요, 우리나라는 전 세계에서 유례를 찾아보기 힘들 정도로 종교 갈등이 없는 나라입니다. 그래서 우리는 더더욱 종교 차별어를 쓰지 말아야 합니다.

○ 개슬람, 개이슬람 대신 이슬람교, 이슬람교도

+ 이슬람교도들은 '개슬람' 혹은 '개이슬람'이라는 표현에 분노하지 말고 그들이 말하는 내용을 검토해 볼 필요가 있다.

✕ 개쌍도

‘개상도’, ‘개쌍도’, ‘고담 대구’는 경상 지역민을 차별하는 표현입니다.

‘개상도’와 ‘개쌍도’는 ‘경상도’의 발음을 바꾸고 비속한 의미의 ‘개’, ‘쌍놈(상놈의 센말)’과 관련지어 해당 지역민들에 대한 혐오를 강하게 드러냅니다. “수도권 놈들, 쌍도에서 안 태어난 거 복 받은 줄 알아라”처럼 ‘개쌍도’를 줄여서 ‘쌍도’로 쓰기도 합니다.

‘고담 대구’는 대구 지역이 《배트맨》에 나오는 가상의 도시 ‘고담Gotham City(뉴욕의 비격식 별칭이기도 함)’처럼 사건 사고가 많은 문제 도시라는 부정적 뜻을 담고 있습니다. 경상 지역민을 비하하는 이러한 표현들은 ‘전라디언’ 같은 전라 지역민을 비하하는 표현에 대응해 만들어졌습니다.

우리 사회의 지역 차별어는 오래된 병폐 가운데 하나입니다. 특정 지역을 빗대어, 혹은 그 지역 출신을 비하해 쓰고 있는 차별어는 차별을 당하는 사람이 또 다른 차별어를 만들어 되돌아오기 마련입니다. 이는 지역 대립과 국론 분열의 원인 가운데 하나로 작용합니다. 어쩌면 지금 벌어지고 있는 지독한 지역 갈등도 말에서 시작되어 말로 더 확산되지는 않을까요? 그렇다면 지역 화합의 열쇠도 분명 말에 있을 것입니다. 지역 차별의 말 대신 지역 화합의 말을 찾아보도록 노력해야 할 것입니다.

○ 개쌍도 대신 경상도

＋ 경상도 사투리는 얼핏 들으면 화내는 것 같아. 그렇지만 자꾸 들으면 정겨워.

× 개저씨

'개저씨'는 '개'와 '아저씨'를 합성한 새말입니다. 남성 우월주의나 권위주의 의식으로 여성이나 약자에게 갑질하는 문제 있는 일부 중장년층 남성을 가리킵니다. 그러나 이러한 신조어는 해당 세대 전체를 비하하는 호칭으로 작동됩니다. 권력, 지위, 나이를 내세워 성적 수치심이나 불쾌감을 주는 언행을 일삼으며, 쾌락을 느끼는 무개념 중장년층을 풍자하는 표현으로도 사용됩니다. 이 때문에 그렇지 않은 선량한 아저씨들까지 피해를 입으므로 쓰지 말아야겠습니다.

○ 개저씨 대신 <u>아저씨</u>

＋ 만취한 아저씨가 지하철에서 난동을 부린다.

× 검둥이, 깜둥이

피부색이 까무잡잡한 외국인이나 소수민족을 멸시해 '검둥이' 또는 '깜둥이'라고 부르는데, 살빛이 검은 사람을 낮잡아 이르는 인종 차별어입니다. 보통 '-둥이'라는 접미사를 쓸 때는 '귀염둥이'처럼 귀엽거나 깜찍하다는 긍정 의미를 담기도 하지만, 흑인이나 그와 비슷한 사람들한테 쓰면 차별어로 작용합니다.

삼사십 년 전까지만 해도 우리 사회에서 '검둥이', '깜둥이'라는 차별어는 거리낌 없이 사용됐습니다. 해리엇 비처 스토의 소설 《톰 아저씨의 오두막》도 처음에는 '검둥이의 설움'으로 번역, 출간됐을 정도입니다.

1980년대까지 인종차별이라는 개념에 거의 무지해 '검둥이'가 흔히 통용됐지만, 서울올림픽대회 이후부터 서서히 달라지기 시작했습니다. 우리나라가 국제사회의 주목을 받으면서 자연스럽게 인종 차별어에 대한 문제의식이 자리 잡게 되었습니다.

인종 차별어는 인류의 보편적 가치관에 따라 각국에서 종교 차별어보다도 더 금기시하고 있습니다. 특히 피부색 등 인종의 외모에서 비롯한 차별어는 결코 쓰지 말아야 합니다.

○ 검둥이, 깜둥이 대신 흑인, 아프리카 사람, 아프리카계 ○○○, 피부색에 따른 별칭은 사용하지 않기

＋ 아프리카 사람들이 나오는 그 영화가 뭐였더라?

✕ 경상디언, 문뎅이

'경상디언'은 '경상도인'의 발음을 재미 삼아 비꼬아 만든 비하 표현입니다. 이 말은 경상도 사람을 낮잡아 부르는 차별어이기도 하고, 우리말 '경상도'와 영어의 '-디언 -dian'을 섞어 만든 잡탕말이기도 합니다.

'경상디언'이 확산되기 전까지 경상도 사람에 대한 대표적 차별어는 '경상도 문뎅이', '문뎅이'였습니다. '문뎅이'라는 말은 사실은 좋은 뜻에서 나왔습니다. 우리나라 문묘에 배향된 18현 가운데 설홍유(설총), 최문창(최치원), 안문성(안향), 정포은(정몽주), 김한훤(김굉필), 이회재(이언적), 이퇴계(이황) 등이 영남 사람인 것에 연유합니다.

경상도에는 글 배우는 아이, 곧 문동文童이 많다는 뜻의 '문동이, 문둥이, 문디'로 쓰이다가 '문뎅이'로 와전됐습니다. 비록 좋은 뜻에서 나왔더라도 노골적인 비하 표현으로 쓰이고 있으므로 분명 차별어라 할 수 있습니다.

반감에서 만들어진 공격적 지역 차별어를 재미로, 습관으로 쓰게 되면 서로를 차별하고 미워하는 악순환의 고리를 끊을 수 없습니다. "가는 말이 고와야 오는 말도 곱다"라는 정겨운 우리 속담도 있습니다. 무릇 좋은 마음에서 좋은 말이 나옵니다.

○ 경상디언, 문뎅이 대신 경상도민

＋ 이번 행사에 경상도민들이 많이 모였다.

✕ 계집애

나이 어린 여자를 낮추어 부르는 '계집애'는 '계집아이'의 준말이며, '계집아이'와 '계집애'는 모두 차별어입니다. '계집'은 본래 속어나 낮춤말로 쓰던 말이 아닙니다. 하지만 현재 국립국어원 표준국어대사전에서 계집을 여자나 아내를 낮잡아 부르는 표현으로 규정하듯, 현대국어에서는 대체로 비하 표현으로 쓰이고 있습니다.

중세국어의 '겨집'은 평칭平稱의 용법만을 보입니다. 근대국어를 지나면서 비칭卑稱의 용법이 생겼다고 알려져 있으나 그 시기를 분명히 알 수 없습니다. 또한 근대국어에 나타난 '겨집, 계집'의 예 가운데 어느 것이 비칭의 용법으로 쓰였는지 문헌상으로는 판단하기 어렵습니다.

다만 '계집'이 비칭으로 쓰이게 된 경위에 대하여, 한자의 영향으로 한자어와 유의 관계에 있는 고유어가 위축된 현상을 듭니다. 즉 식자층에서 주로 사용하던 한자어 '여자'를 격식어

1장 아예 쓰지 말거나 당장 바꿔야 할 노골적 차별어

로 인식하고, 평민들이 주로 사용하던 고유어 '계집'을 비격식어로 인식해 그 위상이 상대적으로 하락했다는 것입니다. 한자 사전이나 천자문을 다룬 책에서 아직도 '女'에 '계집 녀'라고 훈을 달아 놓기도 하는데 모두 고쳐야 합니다. 또한 간혹 친근함의 표시로 "계집애야"라고 하는 분들도 많은데, 굳이 좋은 말을 두고 이런 표현은 쓰지 않는 게 좋겠습니다.

○ 계집애 대신 여자아이

＋ 조그만 여자아이가 못 하는 말이 없다.

✕ 곱사등이, 꼽추

'꼽추'는 '척추장애인'을 낮잡아 이르는 차별어입니다. 척추에 장애가 있어 등이 굽고 큰 혹 같은 것이 불룩 튀어나온 사람을 비하하는 말인데, 같은 의미로 쓰이고 있는 '곱사등이'도 마찬가지입니다. 빅토르 위고의 소설《파리의 노트르담》을 '노트르담의 꼽추'라는 제목으로 번역해 널리 읽히기도 했듯이, 우리 사회에서 '꼽추'는 큰 저항 없이 쓰였습니다. 그러나 현재는 이 말을 신체장애를 비하하는 차별어로 분류합니다.

○ 곱사등이, 꼽추 대신 <u>척추장애인</u>
＋ 그는 척추장애를 가지고 태어난 아들을 정성껏 보살 폈다.

× 공돌이, 공순이

'공돌이', '공순이'는 주로 공장에서 일하는 남자와 여자를 낮잡아 이르는 말로 쓰여 왔습니다. 그 직종을 차별하는 용어이자 생산직 노동자들에게 하는 욕설이라고도 볼 수 있습니다. 한편으로는 공업고등학교나 공과대학교를 다니는 남학생과 여학생을 낮잡아 이르는 말로 쓰이기도 합니다.

1970년대에는 농촌에서 각 지역의 공업 도시로 취업을 하려고 이주한 청년이 많았습니다. 이 청년들은 밥을 먹여 주고 재워 주는 공장에 취직해 거의 무임금에 가까운 상태에서 일했는데, 이때 '공돌이'라는 말이 생겨났습니다. 자연히 공장에서 저임금으로 일하는 여자들을 '공순이'로 부르기 시작했습니다. 그리하여 '공돌이'와 '공순이'는 우리나라 산업 발전 초기의 생산직 노동자들을 비하하는 상징어로 널리 확산됐습니다.

그러나 요즘은 공업 분야도 전문 지식과 숙련도를 요하기 때문에 생산직도 사무직 못지 않게 높은 대우를 받고 있습니다. 또한 공대생을 가리키는 별칭과 섞여서 낮춰 부르는 의미는 거의 희석됐습니다. 그런데도 1970년대에 청장년기를 보낸 고령층을 비롯한 많은 사람이 아직 이 낱말을 차별어로 쓰고 있습니다.

그런데 요즈음은 공학도들이 더 대접받다 보니 '문과생이라 죄송하다'는 뜻으로 '문송'이라는 또 다른 차별어가 생겼습니다. 인문학과 공학 모두 상생해야 진정한 가치를 드러낼 수 있는 융합 시대임을 결코 잊어서는 안 될 것입니다.

○ 공돌이, 공순이 대신 <u>직공, 공학도</u>

＋ 그 공장에는 직공 수십 명이 근무하고 있다.

✕ 군무새

'군무새'는 '군대'와 '앵무새'의 합성어입니다. 병역 문제 또는 군 생활을 이야기하는 남성들을 낮잡아 부르는 말로 만들어져 확산되고 있습니다. 우리나라 성인 남성들은 만나기만 하면 군대 이야기가 끊이지 않습니다. 이러한 남성 문화를 비하하며 비아냥거리는 의미가 다분합니다. 군대는 우리 모두를 위한 것입니다. 군 복무를 한 이들은 당연히 존중해 주되, 군대에 안 가거나 못 간 사람들도 함께 존중할 때 군대 이야기가 진정한 꽃을 피울 것입니다.

○ 군무새 대신 군대 이야기꽃을 피우는 사람들, 군대 이야기판을 벌이는 사람들

＋ 저 사람들은 또 군대 이야기꽃을 피우는구나!

✕ 군바리

인터넷 누리꾼들은 '군바리'의 어원에 대해 다양한 추측을 내놓습니다. '남의 밑에서 일하는 사람'이라는 뜻인 일본어 '시다바리したばり'가 우리나라에서 '하수인'의 의미로 쓰이면서 '군인'과 '시다바리'를 합성했다는 이야기가 있습니다. 또 몸이 작고 다리가 짧은 애완견을 통칭하는 '발바리'와 합쳐서 '나라 지키는 개'라는 의미로 '군바리'라는 낱말이 만들어졌다고도 합니다.

어느 쪽이든 '군'과 합성된 '바리'는 군인을 비하하거나 군인에게 안 좋은 의미로 쓰입니다. 아마도 이러한 표현이 나온 데는 과거 독재 정권과 관련이 깊었던 군에 대한 막연한 반감이 작용한 탓이 아닐까 합니다.

국방부는 '군의 활동을 깎아내리고 군인들의 사기를 꺾어 버릴 수 있는 표현은 사용하지 말아 달라'는 당부를 특별히 했습니다. '군바리'는 어원과 사용 동기도 뚜렷하지 않을뿐더러 군과 군인을 노골적으로 차별하는 말이므로 쓰지 말아야 합니다.

더욱이 우리나라는 의무적으로 군 복무를 해야 하는 나라입니다. 황금 같은 청춘의 한 시기를 군대에서 보내야 하는 우리 젊은이들에게 무한한 감사를 전해야 할 것입니다. 그들 모두 군인이기 이전에 집집마다 귀한 아들, 딸이요, 형, 동생, 오빠, 누나입니다.

○ 군바리 대신 군인
+ 우리 집 막내는 군인처럼 머리를 짧게 깎고 다닌다.

✕ 군캉스

'군캉스'는 '군대'와 휴가를 뜻하는 외래어인 '바캉스'의 합성어입니다. 군 생활이 휴양지에서 바캉스를 즐기는 것처럼 편하다고 "요즘 군대는 군캉스", "군캉스 간 주제에"라며 비하하거나 조롱합니다. 예전과 비교하면 요즘 군대는 디지털 기기와 휴대폰도 사용할 수 있어 좀 더 편리한 생활을 하는 게 사실입니다. 하지만 국가의 부름을 받아 헌신하는 병사들의 부당한 처우를 개선하기 위한 노력은 지속돼야 합니다.

○ 군캉스 대신 편안한 군 생활

+ 요즘 군인은 편안한 군 생활을 한다고 해서 걱정하지 않았는데, 입대해 보니 여전히 녹록지 않다.

✕ 귀머거리

현재 '귀머거리'는 '청각장애인'을 낮잡는 말입니다. 과거에는 단순히 소리를 듣지 못하는 귀의 상태를 나타내는 토박이말이었으나, 장애인을 점점 부정적으로 바라보며 멸시하다 보니 비하의 의미를 띠게 되었습니다. '귀머거리'는 18세기 문헌에서 '귀머거리'로 나타나 현재까지 그대로 이어집니다. 명사 '귀'와 동사 어간 '먹-'이 결합한 합성동사 '귀먹-'에 접미사 '-어리'를 합쳐 이어적기(연철)로 표기한 형태입니다. "귀머거리 삼년"과 같은 관용구도 써서는 안 되는 장애 차별 표현입니다.

○ 귀머거리 대신 **청각장애인**

+ 현장에서 사고가 좀 있었대. 그 후유증으로 청각장애인이 되었어.

× 기레기

'기레기'는 '기자'와 '쓰레기'의 합성어입니다. 공익성에 부합하지 않는 가짜 뉴스를 퍼트리고, 근거 없는 모함을 일삼으면서 돈을 버는 기자들의 행태를 비꼬기 위해 쓰이기 시작했습니다. 질 낮은 기사를 쓰는 기자들에게 주로 사용합니다. 정치적으로 편향된 기사, 검증되지 않은 자료를 사용해 날조하고 선동하는 기사 등을 쓰는 기자들을 말합니다.

차별어가 아닌 우리말 '기레기'는 '기러기'의 사투리입니다. 그러다 보니 떼 지어 날아다니는 기러기의 속성을 빌려서 언론이 객관성이나 중립성을 잃어버렸을 때도 '기레기'라는 표현을 씁니다. 그러나 '기레기'는 허위 사실과 과장된 기사로 저널리즘의 수준을 떨어뜨리는 기자들을 비꼬는 말로 주로 쓰입니다. 따라서 기자와 쓰레기의 합성어로 만들어진 차별어라 보는 것이 타당합니다.

지금 언론 환경에서는 속보(단독) 경쟁, 사실 미확인, 현장

의 진실 왜곡(오보), 조회 수를 높이려는 자극적 표현 등이 문제가 되는 경우가 많습니다. '기레기'는 그때마다 기자들을 조롱하는 차별어로 나타납니다.

이러한 '기레기' 현상은 언론의 진실 추구, 그리고 책임과 결부되며 언론의 신뢰와도 무관하지 않습니다. 또 기자가 '기레기'로 불리지 않으려면, 무엇보다 기자들 스스로 자성하며 취재와 보도에 끝까지 책임지는 자세를 보여야 할 것입니다 [이상기·이정민, 〈기자다움에 대한 반문〉(2020) 참고].

○ 기레기 대신 기자
+ 기자가 그 사건을 취재하고 있다.

× 기생오라비

'기생오라비'는 기생처럼 곱게 생기거나, 몹시 모양을 내거나, 잘 노는 남자를 낮잡아 이르는 말로 쓰여 왔습니다. 근현대의 문학작품이나 이런저런 수필에서 꾸준히 혐오 낱말로 등장합니다. 현대사회에서는 단순히 남자 아이돌 등 예쁘장하고 곱상한 남자의 외모를 칭찬 반, 경멸 반으로 비꼬기 위해 쓰곤 합니다. 하지만 이 말에는 비하와 혐오의 의미가 담겨 있어 어떻게 사용하든 차별어가 됩니다.

○ 기생오라비 대신 잘생긴 남자, 잘 노는 남자

＋ 그는 흰 얼굴에 체형도 호리호리하여 잘생긴 남자처럼 보인다.

1장 아예 쓰지 말거나 당장 바꿔야 할 노골적 차별어

✕ 김치녀

상식적이지 않고 과도한 행동을 보이는 일부 여성들을 조롱하거나 비하하는 표현으로 '개똥녀(공공장소에서 반려동물의 배설물을 치우지 않는 여성)', '된장녀(68쪽 참고)' 등이 있습니다. 이처럼 여성에게 부정적인 낙인을 찍고 혐오하는 표현들이 계속 생겨나고 있는데, '김치녀'도 그 가운데 하나입니다.

김치는 한국을 상징하는 대표적 음식 이름입니다. 그래서 한국 여성들, 특히 한국의 젊은 여성들을 비하하려는 목적으로 인터넷 커뮤니티에서 '김치'를 가져와 '김치녀'라는 차별어를 만들었습니다. 남자에게 모든 것을 의지하려 하는 여자들의 행태를 꼬집은 말입니다. 자기 돈은 쓰지 않고 남자가 모든 비용을 지출해야 한다고 생각하는 젊은 여성들을 주로 '김치녀'라 불렀습니다.

이처럼 남자에게 기대기만 하는 여성들을 가리키던 '김치녀'는 점차 이기적이고, 돈도 흥청망청 쓰고, 책임은 지지 않으면서 자기 권리만 주장하는 여성들을 뭉뚱그리는 말로 확대됐습니다. 상대의 사정은 고려하지 않고 자기만 아는 이기적 여자, 특히 남자에게 피해를 주는 여자라는 의미를 담은 차별어이므로 쓰지 말아야겠습니다.

○ 김치녀 대신 이기적인 여자

＋ 한국 여성은 이기적인 여자라는 편견은 여성 혐오를 바탕으로 한다.

╳ 꼰대, 꼰머

'꼰대'는 나이 많은 사람을 가리키는 차별어입니다. 얼핏 보면 '대'와 '머'가 비슷해 보인다고 해서 '꼰머'라고도 합니다. 처음에는 구시대적, 권위적인 사고방식으로 자기 경험만 강조하며 현실을 부정하는 기성세대를 가리켰으나, 점차 모든 나이 든 '늙은이'를 총칭하는 은어로 자리 잡았습니다. '꼰대'의 유래에 대해서는 두 가지 견해가 있습니다.

그중 하나가 백작이라는 뜻을 가지고 있는 프랑스어 '콩트Comte'에서 파생됐다는 견해입니다. 일제강점기에 친일파들에게 백작이나 자작 같은 작위가 주어졌습니다. 그때 작위를 받은 사람들이 아주 만족스러워하며 자신들을 '콩테'라 지칭했다고 합니다. 그중에는 이완용도 있었습니다. 일반 사람들은 이를 일본식 발음으로 '꼰대'라 불렀고, 이 시점부터 친일파들이 보인 매국 행위도 '꼰대 짓'이라 비난했다는 것입니다.

또 다른 견해는 번데기를 가리키는 영남 지역 사투리 '꼰데기'가 '꼰대'의 유래가 되었다는 것입니다. 꼰데기(번데기)처럼 주름이 많은 사람들을 '기'를 뺀 '꼰대'라 부르며 비하했다고 합니다. 어느 쪽이든 '꼰대'는 나이 많은 사람을 비하하는 차별어이므로 쓰지 말아야 합니다.

○ 꼰대, 꼰머 대신 나이 많은 사람, 기성세대, 맥락에 따라 꽉 막힌 사람

＋ 우리 회사에 나이도 젊은데 꽉 막힌 사람처럼 보이는 신입사원이 들어왔어.

× 난쟁이

'난쟁이'는 소인증으로 키가 평균보다 매우 작은 사람을 낮잡아 이르는 말입니다. 그래서 키가 다소 작은 사람도 난쟁이라고 놀리며 부르곤 합니다. '난쟁이'와 관련한 속담도 아주 많은데, 대개는 안 좋은 뜻을 담고 있거나 좋지 않은 의미로 쓰이고 있습니다.

예를 들어 "난쟁이 교자꾼(가마를 메는 사람) 참여하듯"이라는 속담이 있습니다. 자기 분수에 맞지 않는 일에 주제넘게 나서는 모양을 비유적으로 이르는 뜻입니다.

또 "난쟁이 월천꾼(사람을 업어서 내를 건네주던 사람) 즐기듯"이라는 속담도 있습니다. 제 능력으로는 도저히 해낼 수 없는 것이 분명한데, 쓸데없이 남이 하는 일을 하고 싶어 하거나 부러워하는 모양을 비유합니다.

난쟁이가 잘록한 허리 때문에 자꾸 흘러내리는 바지를 추어올리듯이 남을 자꾸 칭찬하는 모습은 "난쟁이 허리춤 추키

듯"이라는 속담으로 표현하기도 합니다.

이처럼 사람의 외모를 비하해 부정적으로 써 온 '난쟁이'라는 말은 노골적인 차별어이므로 쓰지 말아야 합니다. 그러고 보니 1970년대, 1980년대 대학가를 휩쓸었던 조세희 작가의 《난장이가 쏘아 올린 작은 공》이라는 작품도 떠오르네요. '난쏘공'으로도 많이 불렀는데, 그때만 해도 '민주화'에 대한 욕망은 강했지만, 사회적 소수자에 대한 의식은 약했던 듯합니다.

○ 난쟁이 대신 저신장증 환자, 키 작은 사람

＋ 그 지역에는 저신장증 환자가 많아. 아마 정부에서 비밀리에 행했던 실험 때문일 거야.

× 남존여비

'남존여비'는 남자는 지위가 높고 귀하며, 여자는 지위가 낮고 천하다고 여기는 말입니다. 사회적 지위나 권리에서 남자를 여자보다 우대하고 존중한다는 의미를 노골적으로 드러냅니다. 누가 보아도 여성을 비하하는 차별어입니다.

이 용어는 근대 이전의 유교 문화권 사회에서 통용된 남녀 불평등을 표현합니다. 사회적 지위나 권리에서 남자를 우위에 두고 여자를 열위에 둔 문화적 관행을 나타냅니다. 하늘은 '높음'과 '남자'로, 땅은 '낮음'과 '여자'로 각각 대비하면서 남존여비라는 개념이 나왔습니다.

전통 사회에서 일상화된 남존여비 관념은 근대 이후에도 습속과 관행의 형태로 잔존해 왔습니다. 대부분의 딸들은 아들보다 못한 존재로 취급받으며 교육의 기회나 상속의 대상에서 배제됐습니다.

이제 남존여비라는 용어는 구시대의 유물이 되었습니다.

하지만 여성도 남성과 동등한 수준의 지위와 인격을 가진 존재라는 엄연한 사실을 현실에서 이루려면 여전히 넘어야 할 문제들이 적지 않습니다.

○ 남존여비 대신 맥락에 따라 <u>남자와 여자의 지위를 따지는</u> 등으로 고쳐 쓰기

+ 우리 세대도 이제 남자와 여자의 지위를 따지는 낡은 관념을 벗어 버려야 해.

'냄저', '냄져'라는 말은 급진적 페미니스트 사이트에서 '남자'를 비꼬듯 가리키면서 사용하기 시작했습니다.

한 게시글에서 "'남자'는 '여자'와 달리 양성모음으로만 이루어져 있고, 이것 또한 성차별"이라는 근거 없는 역설을 했습니다. 글쓴이는 "'ㅏ, ㅗ'는 양성모음이라서 긍정적이고 'ㅓ, ㅜ'는 음성모음이라서 부정적"이라고 이야기했습니다. 그러면서 "'ㅏ'만 2개 들어 있는 '남자'와 달리 '여자'에는 'ㅓ'가 2개나 들어가므로(ㅓ+ㅓ=ㅕ) '남자'를 '냄져'라고 바꿔 부르자"라고 주장했습니다.

얼핏 그럴듯하게 들리지만, 이는 궤변입니다.

일단 양성모음, 음성모음은 한국어 고유의 독특한 모음 특성입니다. '찰랑찰랑/출렁출렁', '깡총깡총/껑충껑충', '바삭바삭/버석버석'처럼 그 특유의 어감 때문에 약간의 의미 차이만 생길 뿐 어느 한쪽이 좋고 나쁜 뜻은 전혀 없습니다. '보글

보글, 바글바글, 부글부글'과 같이 한국어의 흉내말은 양성모음과 음성모음이 조화롭게 어울려 다채로운 소리 빛깔을 드러냅니다.

더구나 'ㅕ'는 'ㅓ'에 'ㅓ'를 더한 것이 아니라 반모음 'ㅣ'에 'ㅓ'가 결합한 형태입니다. 'ㅑ, ㅛ, ㅠ' 모두 'ㅣ'에서 출발한 이중모음입니다.

○ 냄저, 냄겨 대신 <u>남자</u>

\+ 지하철에 남자들이 많다.

╳ 노가다

'노가다'는 건설 현장, 공사판에서 일하는 사람을 폭넓게 일컫는 말이었습니다. 그런데 차츰 그러한 일을 하는 사람을 낮잡아 이르게 되었습니다. 원래는 성질도 행동도 거친 사람을 속되게 이르는 일본말인 '도가다土方, どかた'에서 온 말이라고 합니다. '막일, 막일꾼'이라 할 수 있지만 접두사 '막-'이 부정적인 느낌을 줍니다. '일용직 노동자'로 보기도 하지만, 그와 관계없이 현장에서 일하므로 '현장 근로, 현장 근로자(한국도로공사, 한글문화연대가 공동으로 다듬은 말)'가 가장 바람직해 보입니다.

○ 노가다 대신 현장 근로, 현장 근로자

+ 요즘 사정이 어려워서 회사도 다니면서 주말에는 현장 근로자로 일하는 중이에요.

✕ 놈

'남자를 낮잡는 말', '남자아이를 귀엽게 이르는 말', '그 사람을 친근하게 혹은 낮추어 이르는 말', '사람을 홀하게 이르는 말'…… 모두 '놈'을 정의하는 말입니다. 그 뜻은 꽤 다양하지만, 공통점을 찾을 수 있습니다. 대상을 낮잡아 보고, 남성에게 주로 쓴다는 것입니다.

　우리 속담에서도 '놈'은 대체로 부정적인 맥락에서 사용되어 왔습니다. "뛰는 놈 위에 나는 놈이 있다"는 스스로 뽐내는 사람을 경계해 이르는 속담이고, "김매기 싫은 놈 밭고랑만 센다"는 그 일에서 빨리 벗어나고만 싶어 하는 게으른 사람을 빗대는 속담입니다. 또 어리석고 옹졸하여 하는 짓마다 답답한 일만 하는 사람을 낮잡아 말할 때는 "등잔불에 콩 볶아 먹을 놈"이라고 합니다. "명문 집어먹고 휴지 똥 눌 놈"은 의리를 저버리거나 법을 잘 어기는 막된 사람을 욕하여 이르는 말입니다. 여기서 '명문'은 '잘된 글'을 가리킵니다.

'놈'을 이처럼 두루두루 낮춤말로 쓰다 보니 적대적인 관계에 있는 사람들을 가리키는 말로도 널리 쓰이게 되었습니다. "길목에 매복해 있다가 불시에 놈들을 기습하는 게 어떤가?"라는 말이 그러한 맥락입니다.

○ 놈 대신 맥락에 따라 남자, 사람 등

+ 여자는 하나도 없고 험상궂은 사람들만 수두룩하게 앉아 있다.

✕ 늙은것, 노인네

'늙은것'은 '늙은이'를 낮잡아 이르는 말이기도 하고, 늙은 사람이 자신을 낮추어 이르는 말이기도 합니다. 나이가 많다고 하여 멸시하듯이 낮추어 부르는 말은 차별어입니다.

'늙은것', '노인네'와 같은 말은 주로 젊은 사람들이 나이 많은 사람을 업신여기고 멸시하는 뜻으로 사용합니다. 특히 '늙은것들'은 나이 많은 사람들을 혐오하는 의미로 자주 사용되어 세대 간 갈등을 유발합니다. 어떤 인터넷 게시판을 보면 "늙은것들은 한결같이 추잡해 보여요", "늙은것들이 도덕성이 없네요" 따위의 표현이 심심찮게 눈에 띕니다.

나이에 따른 차별어는 사회 갈등의 한 요소가 되며, 누구든 언젠가는 당할 수 있는 혐오 표현이므로 결코 바람직하지 못합니다. 또한 일부 어르신들이 나이 많은 게 벼슬인 양 행동하는 잘못된 태도는 단지 연령에 따른 문제라고만 볼 수 없습니다. 나이가 많든 적든 몇몇이 보이는 문제 행동의 원인을 단순히 나이로 단정 짓고서 세대 전체의 문제로 일반화하는 사고방식은 경계해야 합니다. 젊은 사람은 나이 많은 사람을, 나이 많은 사람은 젊은 사람을 존중하는 언어로 순화해야 할 것입니다.

○ 늙은것, 노인네 대신 <u>어르신</u>

╋ 어르신들을 돌보는 것이 쉬운 일은 아니야.

× 니그로

옥스퍼드 영어 사전은 17세기부터 쓰기 시작한 '니거Nigger'를 "흑인을 경멸해서 부르는 호칭"이라고 풀이합니다. '니거'는 '검다'는 뜻의 라틴어 '니게르niger'에서 파생했습니다. 언어학자들은 '니거'라는 낱말이 20세기 초반부터 모욕적인 표현으로 굳어졌다고 봅니다.

'니거'와 어원이 같은 '니그로Negro'는 좀 더 중립적인 표현이었습니다. 1930년대까지만 해도 지식인 계층에서는 '니그로 예술Negro art', '니그로 음악Negro music' 같은 말들이 비하하는 뜻 없이 쓰였습니다. 1963년, 유명한 흑인 인권 운동가인 마틴 루서 킹 박사도 불후의 연설문 〈나는 꿈이 있습니다I have a dream〉에서 동족을 가리키며 '니그로'라는 낱말을 열다섯 번이나 썼습니다.

그러다가 1950년대부터 미국에서 일어난 흑인 인권 운동의 영향으로 '니그로'도 점점 부적절한 낱말로 변했습니다. 노예화와 차별의 그릇된 역사를 상기시킨다는 이유에서였습니다. 역시 대표적인 흑인 인권 운동가인 맬컴 엑스는 '블랙black'을 대안어로 제시했고, 이 영어 낱말은 1990년대까지 보편적으로 사용됐습니다. 현재는 공식 석상에서 '아프리카계 미국인African American'이라는 호칭이 주로 쓰입니다.

○ 니그로 대신 흑인, 아프리카계 ○○○
+ 아프리카계 음악은 즉흥성에 유럽 음악이 뒤섞여 만들어진 독특한 음악이다.

✕ 되놈, 떼놈

'되놈', '떼놈'은 중국 사람을 낮잡아 이르는 말입니다. 표준어는 '되놈'이지만 강원도, 경상도, 충청도 사투리인 '떼놈'을 더 많이 사용합니다.

예부터 중국 사람을 낮잡아 불러 오던 말은 이외에도 '데놈', '때놈', '돼놈' 등 다양합니다. '되'와 명사 '놈(60쪽 참고)'의 결합형과 그 변이형들입니다.

'되'는 여진족을 비롯해 두만강 일대의 만주 지방에 살던 민족을 이르던 옛말에서 유래한 것으로 추정됩니다. 그런데 최근에는 '대국놈'이 줄어든 표현으로 생각하기도 합니다. 그런가 하면 중국 한족들이 잘 씻지 않고 더럽다는 뜻으로 '때놈'이라 부른다는 의견도 있고, 인구가 매우 많은 것을 빗대어 '떼놈'이라 한다는 의견도 있습니다. 모두 비속어 '놈'이 결합되어, 중국인을 향한 부정적 감정으로 조합한 말이 분명하므로 쓰지 말아야 할 차별어입니다.

이러한 말들은 한국에서 살고 있는 중국인, 곧 화교를 주로 가리키는 표현이었습니다. 그러나 중국과 수교하면서 실제 접촉이 늘어나자 중국인 전반을 비하하는 말로 널리 쓰이고 있습니다.

○ 되놈, 떼놈 대신 중국인

+ 살다 살다 못 살아서 쪽박 하나 차고 넘은 국경선 너머, 중국인의 땅 만주 벌판 황막한 천지에…….

'된장녀'는 스타벅스 커피를 즐겨 마시며 해외 명품 소비를 선호하지만, 정작 자신은 경제력이 없어 부모나 남성에게 기대어 소비 욕구를 채우는 젊은 여성을 비하해 일컫습니다. 그러나 단순히 스타벅스 커피를 마신다고, 해외 명품을 소유했다고 된장녀로 매도하는 것은 부당합니다. 성별과 무관하게 남성도 그러할 수 있습니다. '○○녀'는 몇몇 여성들이 보이는 성향이나 행동을 전체 여성으로 확대해석해 편견을 조장하고 비하하는 차별어들입니다.

○ 된장녀 대신 <u>사치를 부리는 사람</u>

＋ 나는 사치를 부리는 사람은 싫어.

'딴따라'는 연예인을 낮춰 부르는 말이고, '딴따라패'는 연예인 무리를 낮춰 부르는 말입니다. '딴따라'가 나팔이나 트럼펫 같은 관악기 소리를 나타내는 영어 소리 흉내말 'tantara'에서 유래했다는 설이 있습니다. 이러한 말들에는 과거 예체능 분야의 직업인들을 비하했던 인식이 남아 있으므로 차별어라고 할 수 있습니다.

예전에는 주로 가수나 코미디언처럼 무대 공연을 하는 예능인들에게 쓰던 말이었는데, 텔레비전 시대가 되면서 텔레비전에 비치는 모든 연예인에게 그대로 적용됐습니다. 과거 유교적 관습이 남아 있던 시대에는 연예인이 그리 좋은 직업으로 여겨지지 않았습니다. 음악을 팔고 웃음을 파는 직업 정도로 취급해 이와 같은 비칭을 사용하는 경우가 많았습니다.

물론 현대 연예인들은 그 위상이 많이 높아져 청소년들의 우상으로 여겨지기도 합니다. '딴따라'라고 깔보았던 연예 활동이 오히려 인기를 끌고 있어 아이들의 장래 희망이 되기까지 합니다. 그렇다고 '딴따라'의 부정적 의미와 어감이 바뀐 것은 아니므로 구체적인 직업명으로 바꿔야 합니다. 이러한 변화들로 '딴따라'와 같은 직업 차별어는 차츰 사라져 가고 있습니다.

○ 딴따라 대신 <u>연예인, 가수, 배우, 코미디언</u> 등

+ 부모님께서는 내가 배우가 될까 봐 연극영화과 지원을 극구 반대하셨다.

✕ 딸배

'딸배'는 오토바이 등을 이용해 배달 일을 하는 사람을 낮추어 이르는 말입니다. 그 유래는 '배달'이라는 낱말을 거꾸로 뒤집 어서 생겼다는 견해도 있고, 딸딸거리는 오토바이 엔진 소리 에서 비롯됐다는 견해도 있습니다. 난폭하게 오토바이를 운전 해 보행자들과 다른 운전자들을 위협하는 일부 배달기사로 말 미암아 생겨난 말이어도, 이는 그 직업에 대한 노골적 차별어 로 기능합니다. 교통법규를 준수하며 열심히 생계를 이어 가 는 분들까지 조롱거리로 만들므로 사용하지 말아야 합니다.

○ 딸배 대신 배달원, 배달기사

\+ 배달 아르바이트를 하며 학교를 다닌 지도 어느새 3년 이나 흘렀다.

✕ 땅콩, 뚱보, 뚱녀, 왕폭탄

모두 외모를 비하하는 뜻으로 만들어졌습니다. '땅콩'은 키 작은 사람, '뚱보, 뚱녀'는 뚱뚱한 사람, '왕폭탄'은 지나치게 못생긴 사람을 놀리거나 비아냥거리는 혐오 표현들입니다. 사람의 외모에 대해 기준점을 세워 놓고 그 기준에 못 미치면 마치 정상이 아닌 것처럼 비하합니다. 이러한 말들은 당사자에게 극심한 모욕감을 줄뿐더러, 나아가 대인 기피증까지 유발하는 언어폭력입니다.

○ 왕폭탄은 쓰지 말고 땅콩, 뚱보, 뚱녀 대신 키 작은, 뚱뚱한 같은 일상어

╋ 그 남자애는 키가 작은 편이야.

✕ 땡중

‘스님’을 폄하하는 ‘땡중’은 ‘꽹과리를 치면서 동냥이나 다니는 중답지 못한 중’을 가리키는 ‘땡땡이중’, 혹은 중답지 못한 중을 낮잡아 이르는 ‘땡추중’의 준말입니다. ‘땡중이’, ‘땡초’로 부르기도 하지만 ‘땡중’이 훨씬 많이 쓰입니다.

이 말은 불교를 탄압했던 조선 시대를 배경으로 합니다. 조선 시대에는 성리학 또는 유교가 국시였으므로 양반 사대부들한테는 모든 스님을 깔보는 의식이 강했고, 모든 스님을 ‘땡중’으로 치부했습니다. 그러나 실제로는 세속과 거리가 먼 깨끗한 이미지를 강조하는 불교 이미지 때문에 잘못된 세속에 물든 일부 승려들을 가리키는 말로 널리 퍼졌습니다.

물론 일부 타락한 스님들한테 쓰는 말이라 할지라도 불교 전체에 비난의 감정을 담아 한 말이기에 쓰지 말아야 합니다. ‘중’ 자체가 비하하는 말로 많이 쓰이므로 일반 명칭으로는 ‘스님’이라고 해야겠습니다.

"그 스님은 일반적인 스님과는 많이 다르죠. 사람들이 땡중이라고 하더군요." 이 같은 말에서도 '땡중'은 실제 잘못한 스님을 가리키기보다 특이한 스님을 가리키므로 더더욱 쓰지 말아야 합니다. 임진왜란 때 나라를 구한 사명대사처럼 훌륭한 업적을 쌓은 스님뿐만 아니라 대다수 스님들은 세속의 영예를 멀리하고 이타적인 길을 가는 분들입니다.

○ 땡중 대신 스님

＋ 술이나 마시고 예불도 안 모시는 당신이 스님입니까?

동남아인들은 지저분하다는 인식을 함축하는 '똥'이라는 낱말을 '동남아'의 '동東' 대신 붙여 혐오 표현으로 사용하는 인종 차별어입니다. 소셜 미디어 여론 진단 사이트인 소셜메트릭스에 따르면 '똥남아'는 흔히 '멍청하다', '더럽다'와 같은 뜻으로 사용되고 있습니다.

　한때 국가인권위원회가 혐오 표현에 대한 인식 조사를 했습니다. 예시를 주고 혐오 표현인지 아닌지 표시하게 했는데, '똥남아'가 혐오 표현이라고 대답한 비율은 54.9퍼센트뿐이었습니다. 우리가 인종 차별어에 얼마나 무감각한지 잘 드러내는 통계입니다.

　동남아 출신의 다문화가정 아이들은 학교에서 '똥남아'라는 말을 자주 듣는다고 합니다. 그 아이들은 한국 국적을 가지고 한국어를 하며 한국의 드라마와 가요를 즐기지만, 여전히 생김새 때문에 이방인 취급을 당합니다.

국가인권위원회는 이주민 338명을 대상으로 '한국 사회의 인종차별 실태와 인종차별 철폐를 위한 법제화 연구'를 실시했습니다. 이 연구에 따르면 '한국에는 인종차별이 존재한다'고 대답한 비율이 68.4퍼센트나 됩니다. 인종 차별어는 어느 국가에서나 금기시하고 있습니다. 이 사실을 잘 기억해야할 것입니다.

○ 똥남아 대신 동남아

+ 나는 동남아 음식은 향이 세서 못 먹겠더라.

× 라도

'라도'는 전라도나 호남의 약어로 쓰이는데, 대부분 조롱의 의미가 담겨 있습니다. 기사 댓글에서 지방 혐오 표현 중 '라도'가 상위를 차지할 만큼 흔히 쓰입니다. 예전에는 언론 매체가 큰 문제의식 없이 이와 같은 지역 차별어를 유포하기도 했습니다. 요즘에는 특히 유머 코드에 가려진 지역 혐오로 지역민의 피해가 더욱 커지고 있습니다. 이러한 전라도 혐오 표현이 유행어처럼 지역민에게 언어폭력을 가하기에 결코 사용하지 말아야 합니다.

○ 라도 대신 <u>전라도</u>
+ 그 친구는 전라도 출신이다.

× 마기꾼

‘마기꾼’은 ‘마스크’와 ‘사기꾼’으로 만들어진 합성어입니다. 마스크를 쓰고 벗었을 때의 얼굴이 사기 수준으로 차이가 난다는 의미입니다. 코로나바이러스감염증-19 사태 이후에 일상이 된 마스크 착용으로 얼굴을 제대로 볼 수 없는 상황에서 생겨났습니다.

이 새말이 등장하면서 계속 마스크를 쓰고 있으려는 학생이 적지 않습니다. ‘마기꾼’으로 놀림받고 싶지 않다는 이유가 큽니다. 특히 마스크를 벗지 않으려고 급식까지 먹지 않아 영양 불균형도 우려되는 상황입니다.

실제 한 초등학교 1학년 학생은 입학 날부터 몇 달 동안 학교에서 단 한 번도 마스크를 벗지 않았습니다. 그 초등학생이 한 말이 마음을 울립니다. “눈이 예쁜 친구가 있는데, 그 친구가 마스크를 벗자 다른 친구들이 ‘마기꾼’이라고 놀렸어요. 마스크를 벗기 무서워요.”

또 중학생 딸아이를 둔 어느 학부모의 토로입니다. "햇볕에 얼굴이 타서 마스크 쓴 부분과 안 쓴 부분의 피부색이 확 차이가 나는데도 마스크를 벗지 않으려 해서 걱정이 태산입니다." 어느 학부모 동호회에서는 "마스크를 안 써도 된다고 해도 초등학교 2학년 아들이 마스크를 벗지 않아 걱정이다"라는 게시글이 올라와 수십 명의 학부모가 공감을 표했습니다.

○ 마기꾼 대신 마스크가 잘 어울리는 사람

+ 걔 급식 먹을 때 마스크 벗은 얼굴을 봤는데, 마스크 쓴 게 더 잘 어울리더라.

✕ 맹인, 봉사, 소경, 장님

'맹인'은 '봉사', '소경'의 한자어로 '장님'과 함께 시각장애인을 낮잡아 이르는 말입니다. '소경', '장님', '봉사'는 토박이말로 원래 의미는 한자어인 시각장애인과 차이가 없었지만, 현대국어에서는 비하 의미가 다분해 차별어로 인식합니다.

성경에는 예수가 병든 사람들을 고친 일화가 자주 나옵니다. 이때 시력을 잃은 사람을 가리키는 번역어로 장애인을 비하하는 '소경'이 사용됩니다. 설교 중에 이런 비하어들을 거르지 않고 사용해 장애인들의 가슴에 상처를 남기는 일이 곧잘 있습니다. 이에 최근 기독교계에서도 '장애인 비하 용어 사용 안 하기' 운동을 벌이며, 소경을 '시각장애인'과 같은 현대적 용어로 바꿔 쓸 것을 권장합니다.

이외에 앉은뱅이, 절름발이, 곰보, 째보, 귀머거리, 외팔이, 난쟁이, 병신, 저능아, 바보, 멍청이, 등신, 벙어리, 외눈박이, 애꾸, 언청이, 지랄병…… 이러한 말들은 우리 사회가 그동안 장애인을 어떻게 인식했는지, 그리고 얼마나 배려하지 못했는지 적나라하게 보여 줍니다.

이 말들에는 배제, 편견, 차별의 태도가 고스란히 녹아 있습니다. 이런 말을 쓰는 이들에게 장애인을 비하하려는 목적이 없었더라도, 자신도 모르는 사이에 장애인을 차별하고 편견을 더하는 데 가담한 셈입니다. 이미 말 자체가 그러한 차별과 편견을 담고 있기 때문입니다.

습관적으로 하는 말버릇이라 여기거나 고의로 사용하지 않았더라도 그렇게 불리는 대상이 불편해하고 모욕감을 느낀다면, 그것은 이미 차별과 편견의 언어입니다. 따라서 언어를 사용할 때는 세심한 주의가 필요합니다.

○ 맹인, 봉사, 소경, 장님 대신 시각장애인
+ 그 시각장애인은 계속해서 걸어가고 있었다.

✕ **머저리**

'머저리'는 말이나 행동이 다부지지 못하고 어리석은 사람을 낮잡아 이르는 말입니다. 꼼꼼하지 못해 일을 똑바로 해내지 못하며, 둔하고 슬기롭지 못해 자기 것도 제대로 못 챙기는 사람을 '머저리'라고 타박합니다. 그러나 사람의 능력은 천차만별이고 성향도 각기 다르기 마련입니다. 능력이 있든 없든, 어떤 성향을 지녔든 모든 인간은 존중받아 마땅합니다. '말이나 행동이 다부지지 못하고 어리석다'고 하여 차별어를 만들어 그 사람을 부른다면 바람직하지 않습니다.

○ 머저리 대신 어리석은 사람

╋ 어리석은 사람인지 아닌지는 하는 행동만 보면 금세 알 수 있다.

✕ 멍청도

충청도 특유의 느긋한 분위기나 느릿느릿한 말투를 '멍청하다'고 깎아내려 만든 혐오 표현입니다. '멍청하다'의 '멍청'과 '충청도'의 '-청도'를 겹쳐 만든 말로, 그 지역을 차별하는 노골적 차별어입니다. 산업화 시대 이후에 빨리빨리 문화가 생겨나면서 상대적으로 충청도 말투가 느리다고 인식된 듯합니다. 요즘은 표준말 교육이 강화되어 충청도라고 해도 젊은이나 어린이들의 말투는 다른 지역보다 느리지 않다고 합니다. 또 여유를 느끼게 하는 '느긋함'이나 '느릿느릿'이 꼭 안 좋은 일만은 아닙니다.

○ 멍청도 대신 <u>충청도</u>

＋ 충청도 사람들은 말을 여유롭게 하는 편이야.

× 무뇌아

'무뇌아'의 사전적 정의는 '선천적으로 뇌가 없는 아이'를 가리킵니다. 그러나 일상에서 비속어로 사용할 때는 아무 생각 없이 행동하거나 몰상식한 발언을 한다고 비꼬는 형태로 쓰이는 경우가 많습니다.

인터넷에서 상대에게 '무뇌아'라는 표현을 쓸 경우에 법적 처벌을 받을 수 있습니다. 실제로 대법원이 인터넷에서 '무뇌아'라고 인신공격성 댓글을 단 사람에게 벌금을 선고한 판례가 있습니다. 재판부는 "무뇌아라는 표현의 통상적 의미와 용법을 종합해 보면 모멸적 표현을 사용해 피해자를 인신공격했다고 보는 것이 맞다"라고 판결했습니다.

상대를 비방할 목적으로 무분별하게 사용되는 '무뇌아'라는 표현은 실제 무뇌증을 가진 아기를 출산한 부모에게 큰 상처가 됩니다. 국립국어원이 중앙대 산학협력단에 의뢰해 발간한 〈사회적 의사소통 연구; 장애인 차별 언어의 양태에 관한 연구〉에 따르면 '무뇌아'는 '차별성이 높은 부류'에 속합니다. 이는 차별 의도가 강하다는 말이므로, '무뇌아'를 '생각이 짧은 사람'이라는 뜻으로는 절대로 사용하지 말아야 합니다.

○ 무뇌아 대신 생각이 짧은 사람

＋ 이렇게 생각이 짧은 사람이 국회의원이라니!

표준국어대사전에는 '무당질'이 "무당 노릇을 하는 일"이라고 비속어 아닌 일상어로 실려 있습니다. 그러나 '-질'은 어떤 일이나 행위를 부정적으로 말할 때 붙이는 접미사입니다. 같은 사전에서 '-질'은 "직업이나 직책에 비하하는 뜻을 더하는 접미사"라고 풀이했습니다. 곧 '무당질'은 귀신을 섬겨 길흉을 점치고 굿을 하는 무속 행위를 비하해 부정적으로 표현한 말입니다. 무속 행위를 '미신'으로 하찮게 여기는 사회 분위기가 반영되어 있습니다. 하지만 현대사회에서 무속인도 엄연한 직업인으로 활동하고 있습니다.

○ 무당질 대신 무속 행위

+ 무속 행위로 돈을 버는 게 어때서 그래?

✕ 미친놈

'미친놈'은 '미치광이'를 욕하여 가리키는 말입니다. 사람들은 "미친 것 아냐?", "미친 놈이네!"라는 욕을 대수롭지 않게 합니다. 아마도 '미치다'를 정신에 이상이 생긴 병으로 인식하지 못하고, 누군가를 비난하며 비하하는 부정적 표현으로만 인식하기 때문일 것입니다.

'미치다'는 정신에 이상이 생겨 말과 행동이 보통 사람과 다르게 된다는 뜻으로, 일종의 질병입니다. 그러한 질병에 걸리지 않았는데도 사회적으로 못난 짓을 하는 사람이 많다 보니 이러한 말이 생겼습니다. 문제는 사회적, 정치적 입장이 다른 사람들의 의견이나 행동에 이러한 표현을 쉽게 남발하면 어떻게 될까요? 실제로 그러한 정신 질환을 앓고 있는 사람들에게 깊은 상처가 됩니다.

사람들은 대부분 정신장애인과 관련 있는 말이라는 의식 없이 누군가를 거칠게 공격할 때 '미친놈'이라고 합니다. 정신

장애인과 아무 관련 없는 일에 정신장애를 들먹이며 욕하는 행위는 온당치 않습니다. 그것은 정신장애인들의 존엄성을 훼손하기 때문입니다. 따라서 명백히 낮잡고 비난하는 뜻으로 사용되는 '미친놈'이라는 표현은 삼가야겠습니다.

말도 습관입니다. 평상시에 '미친놈'과 같은 표현을 별 문제의식 없이 아무렇지 않게 쓴다면, 우리 뇌는 이런 말들에 점점 잠식되어 아름답고 좋은 말들을 점차 잃어버리게 됩니다. 부정적인 말은 좋은 말보다 우리 뇌를 더 강하게 세뇌합니다.

○ 미친놈 대신 정신이상자

\+ 마을 사람들의 눈에는 씩 웃기만 하는 재룡이가 영락없이 정신이상자로 보였다.

✕ 백치미

'백치미'는 표준국어대사전에 "지능이 낮은 듯하고, 단순한 표정을 지닌 사람이 풍기는 아름다움"이라 풀이되어 있습니다. 그리고 '백치'는 "뇌에 장애나 질환이 있어 지능이 아주 낮은 상태, 또는 그런 사람을 낮잡아 이르는 말"로 풀이되어 있습니다.

우리 사회에서는 간혹 백치미를 '하얗고 순수한 아름다움'을 뜻하는 낱말로 잘못 알고 사용하는 경우가 있습니다. 사실 '백치미'는 지적장애인을 멸시하고 혐오하는 표현인 '백치'에 아름다움을 뜻하는 '미美'를 더해 미적 용어로 만든 것입니다. 혹여 '백치미가 있다'는 말을 들으면, 대체로 많은 사람들이 욕이라도 들은 듯 불쾌한 감정을 느끼는 이유도 바로 그 때문입니다.

설령 '백치미'가 어딘가 모르게 세상과 동떨어진 듯 태평스럽고 한편으로는 바보스러울 정도로 천진난만한 인물을 표현할 때 자주 쓰인다고는 해도, 이 낱말 자체가 귀에 걸면 귀걸이, 코에 걸면 코걸이 식으로 쓰이는 경향이 강합니다. 그러니 어디까지나 장애를 빗대어 만든 차별어라는 사실을 늘 유념해야 합니다. 한국 근대문학에 〈백치 아다다〉라는 계용묵의 단편소설이 있습니다. 1935년에 발표된 작품인데, 아마 지금이라면 이런 제목은 나오지 않겠지요?

○ 백치미 대신 맥락에 따라 순수하다
＋ 배우 ○○○가 퀴즈 프로그램에서 순수한 매력을 뽐냈다.

× 벙어리

언어장애인을 가리키는 '벙어리'는 예전에는 그냥 언어장애인을 가리키는 말이었을 것입니다. 그러나 지금은 장애인에 대한 편견으로 낮잡아 이르는 말이 되었습니다.

시집살이의 어려움을 비유적으로 이르는 "귀머거리 삼 년 벙어리 삼 년"이라는 속담이 있습니다. "열 벙어리가 말을 해도 가만있어라"처럼 누가 뭐라고 해도 상관 말고 못 들은 척 가만히 있으라는 뜻의 속담도 있습니다. "반벙어리 축문 읽듯"이라고 하여 떠듬떠듬 입안에서 어물어물 응얼거리는 모양을 비유적으로 이르고, "벙어리 속은 벙어리가 안다" 하여 같은 처지에 있는 사람이라야 그 마음을 알 수 있음을 비유적으로 표현합니다.

이처럼 '벙어리'가 들어간 안 좋은 뜻을 지닌 속담은 매우 많은 편입니다. 그동안 우리가 '벙어리'라는 말을 얼마나 예사롭게 써 왔는지, 한편으로는 언어장애인에 대한 인권 의식이 어느 정도로 낮았는지 보여 주는 증거입니다. 이렇게 별다른 의식 없이 사용하는 장애 관련 호칭들은 장애인에 대한 편견과 무지를 드러냅니다. 그뿐만 아니라 그 표현의 대상인 장애인의 감정과 상처에 무관심했던 우리의 야멸찬 민낯까지 드러냅니다.

○ 벙어리 대신 언어장애인

+ 그 사람은 사고를 당하고 나서 언어장애인이 되었다.

× 병신

'병신'은 신체의 어느 부분이 그 기능을 잃어버렸거나 제약이 있는 상태, 또는 그런 사람을 낮잡아 이르는 말로 쓰입니다. 낱말의 의미 자체가 장애인을 비하하는 내용이고, 실제로 장애인을 비하할 때도 흔히 사용되고 있는 차별어입니다.

지난날 '병신'은 '(심각한) 병이 든 상태'를 이르는 말이었습니다. 그 말속에 이미 '기피의 대상' 혹은 '불쌍한 사람'의 의미가 함께 들어 있었습니다. 이러한 의미에 기대어 장애인을 '병신', 곧 병이 든 사람들의 대표 집단으로 여겨 왔습니다. 그 때문에 장애인들은 이 용어에 민감합니다. '병신'은 실제로 장애인 인권 단체에서 사용하지 말아 달라고 요구해 온 단어이기도 합니다.

차츰 장애인을 바라보는 인식이 달라지면서 '병신'은 차별어로 분류되어 쓰면 안 되는 말이 되었습니다. 〈사회적 의사소통 연구; 장애인 차별 언어의 양태에 관한 연구〉에서도 '병신'은 차별성이 가장 높은 말로 분류됐습니다. 장애인들은 병든 사람들이 아닙니다. 그저 신체 기관 중 어느 한곳이 본래의 제 기능을 다하지 못해 불편함을 겪는 이웃입니다. 그러니 공석에서는 물론이고 사적인 자리에서도 해당 표현을 쓰지 말아야 합니다.

○ 병신 대신 <u>장애인, 맥락에 따라 다른 말</u>

+ 나 다리 한쪽을 다쳐서 불편해.

1장 아예 쓰지 말거나 당장 바꿔야 할 노골적 차별어

✕ 병크

'병크'는 '크리티컬 히트', '크리티컬 대미지'라는 온라인 게임 용어에서 나온 새말입니다. 원래 지닌 능력 이상의 타격을 입히는 기술, 혹은 일반적인 공격력을 넘어서 치명적으로 입힌 타격을 말합니다.

게임 중에 어떤 특수 상황과 조건이 맞아떨어지면 공격력이 더욱 세져 상대에게 '치명적인critical' 피해를 입힐 수 있습니다. 여기서 예기치 못한 타격의 심각한 정도를 나타내는 '크리티컬'이라는 표현이 등장했습니다. 인터넷에서 흔히 '대책 없는 찌질이' 정도의 뜻으로 쓰이는 '병신'과 '크리티컬'을 결합해 '병신(짓) 크리티컬', 그 줄임말인 '병신 크리', '병크'도 생겨났습니다.

처음에는 단순히 온라인 게임에서 중요한 순간에 어처구니없는 실수를 하여 큰 문제를 일으키는 것을 가리켰습니다. 그런데 이제는 연예인들이 루머나 부정적인 사건에 휘말렸을 때, 보통 사람이 일상생활에서 어리석고 잘못된 행동을 해서 그 여파로 큰 문제가 생겼을 때도 서슴없이 이 새말을 입에 올립니다.

이 말은 장애인을 모욕하고 차별하는 낱말인 '병신'을 넣어 만들어진 만큼 사용하지 말아야 합니다.

○ 병크 대신 어처구니없는 행동

＋ 한 연예인이 어처구니없는 막말을 했다.

× 보모, 식모, 유모

'유모'는 "남의 아이에게 그 어머니 대신 젖을 먹여 주는 여자"이고, '보모'는 "보육원이나 탁아소 같은 아동복지시설에서 어린이를 돌보며 가르치는 여자"입니다. '식모'는 "남의 집에 고용되어 주로 부엌일을 맡아 하는 여자"를 말하지요.

'어미 모母' 자를 붙인 '유모', '보모', '식모'는 지금은 일상어로 잘 쓰이지 않습니다. 하지만 여전히 유모, 보모, 식모의 역할을 남성보다는 여성이 당연히 맡아야 한다는 표현으로 남아 있습니다. 가정에서 여성이 주로 집안일을 담당하며 아이를 돌보기 때문입니다. 사회적으로 가사와 육아는 여성의 주요 역할이라는 인식이 아직도 강합니다.

그러나 가사와 육아에 적극적으로 참여하는 남성이 늘어나고 남성 보모도 등장하면서 대안어가 필요해졌습니다. 그 대안어로 '아기 돌보미', '아동 돌보미', '가사도우미' 등을 써야 합니다.

이제 누가 아기와 아동을 돌보고 집안일을 하든, 가사와 육아는 함께 삶터를 가꾸어 가는 가장 소중한 일로 평가받아야 합니다. "아이 한 명을 키우려면 온 마을이 필요하다"라고 했습니다. 육아가 얼마나 중요하고 도움의 손길이 필요한지 나타내는 말입니다.

예전에는 대가족 사회로 한 집안에서도 육아에 여러 사람의 손을 빌릴 수 있었지만, 지금은 아이의 엄마, 아빠 둘이서 또는 혼자서 오롯이 감당해야 하는 집이 많습니다. 육아를 더욱 효율적으로 할 수 있는 공동 육아 같은 다양한 방법을 찾아봐야 할 때입니다.

○ 보모, 식모, 유모 대신 아동 돌보미, 가사도우미, 아기 돌보미

+ 내가 어렸을 때 우리 집에는 집안일을 해 주는 가사도우미가 있었다.

× 봉급쟁이, 월급쟁이

'봉급쟁이', '월급쟁이'는 '봉급생활자'를 낮잡아 이르는 말입니다. 봉급생활자는 법적으로는 피고용 관계에 있으면서 매월 봉급을 받는 노동자를 가리킵니다. 우리말 '-쟁이'는 표준국어대사전에 '그것과 관련된 일을 직업으로 하는 사람'의 뜻을 더하는 접미사로, 그런 사람을 낮잡아 이를 때 쓴다고 풀이되어 있습니다. 산업화 시대에는 박봉이라 하여 월급 받는 노동자가 제대로 된 대우를 못 받았습니다. 그 오래전에 생긴 안 좋은 말을 굳이 지금까지 쓸 필요는 없습니다.

○ 봉급쟁이, 월급쟁이 대신 근로소득자
+ 나는 근로소득자라서 집을 사려면 무리를 해야 해.

× 뺀질이, 뻔질이

'뺀질이', '뻔질이'는 몸을 요리조리 빼면서 일을 열심히 하지 않는 사람을 낮잡아 이르는 말입니다. '빼다'의 '빼-'와 지질하게 못난 사람을 속되게 이르는 '찌질이'의 '-질이'가 합쳐진 말입니다.

일부에서는 '뺀질이'를 '뻔질이'라고도 합니다. 어떤 행동이 매우 자주 일어나는, 또는 매우 자주 드나드는 모양을 '뻔질나다'라고 합니다. '뻔질이'는 '뻔질나다'의 '뻔질'과 사람, 사물, 일의 뜻을 더하고 명사를 만드는 접미사 '-이'가 합해진 말입니다.

'뺀질거리다'와 의미가 유사한 '뺀들거리다'도 있습니다. 이 역시 '부끄러운 줄 모르고 게으름을 피우며 빤빤스럽게 놀기만 하다'라는 뜻으로 쓰입니다.

'뺀질이'와 '뻔질이'는 둘 다 그러한 행동을 하는 사람을 낮잡는 차별어로, 뺀질거리고 뺀들거리는 사람이라는 의미를 부정적으로 나타냅니다. 따라서 '대충형 인간'으로 부르면 좋겠습니다.

'대충형 인간'에서 '대충'이라는 말은 당연히 좋은 의미로 쓰이지 않았지만, 객관적인 상황을 그대로 보여 주는 말이라 보면 대안어로 무난해 보입니다. 이런 말을 듣기 싫으면 열심히 일해야겠군요.

○ 뺀질이, 뻔질이 대신 대충형 인간
+ 사회봉사 명령을 수행하러 온 이들은 대충형 인간이 되려 하지만, 실제 봉사를 하다 보면 성실형 인간으로 탈바꿈하기 마련이다.

'삐끼'는 호객 행위를 하는 사람을 속되게 이르는 말로, 일본말 '히키ひき'에서 왔습니다. '히키'는 '끌어당기는', '연에 연결된 줄' 따위의 의미를 가집니다. 이 말이 영업 가게로 손님을 끌어당기는 사람이라는 은어로 자리 잡아 지금의 '삐끼'로 변형됐습니다.

아직까지 일부 유흥업소에는 소속 삐끼가 활동하기도 합니다. 번화가에 있는 술집이나 클럽 등에 특히 이런 사람이 많습니다. 자칫 잘못하면 불법 유흥 주점으로도 끌고 가니 불법적인 요소가 분명히 있습니다.

하지만 그러한 일을 하는 사람들을 뭉뚱그려서 부정적인 말 '삐끼'로 부른다면 차별에 해당합니다. 포괄적으로 '사람을 끌어모으거나 전단지를 나눠 주는 사람'을 의미하므로 '호객꾼'이라 할 수 있고, 과거에는 '여리꾼'이라는 표현도 있었습니다. 하지만 이 말들도 '-꾼'을 붙여 낮추는 의미를 포함하고 있으므로 '삐끼'를 대체할 대안어로는 그리 바람직하지 않습니다. 따라서 객관적이고 중립적인 표현인 '홍보원'으로 부르는 것이 좋습니다.

○ 삐끼 대신 <u>홍보원</u>

+ 술집들이 몰려 있는 골목에 들어서니 홍보원들이 우리를 붙잡았다.

× 상것, 상놈, 아랫것, 천민

'상것'은 조선 시대에 양반 계급이 하층민을 낮잡던 말입니다. 또한 남을 심하게 욕으로 이르는 말이기도 합니다. '상놈'도 예전에 신분이 낮은 남자를 낮잡는 말이었고, 본데없고 버릇없는 남자한테도 상놈이라 욕했습니다. '아랫것'은 지위가 낮은 사람이나 하인을 얕잡는 말이고, '천민'은 역사적으로 천역에 종사하던 백성을 뜻합니다. 신분제도가 사라진 요즘에도 공공연히 쓰이는 비인간적 지칭어들은 인간의 존엄성을 해칩니다.

○ 상것, 상놈, 아랫것, 천민 대신 <u>낮은 신분의 사람들</u> 등 중립적 표현으로 바꾸기

＋ 양반의 그늘 아래에서 살아온 낮은 신분의 사람들은 경우마다 눈치껏 처신했다.

× 서울깍쟁이

시골 사람들은 서울 사람들이 까다롭고 인색하다고 여긴 듯합니다. 각박한 도시 생활을 해 나가려면 물론 그러한 면이 없을수야 없겠지요. '서울깍쟁이'는 그래서 생겨난 말입니다. 시골사람이 서울 사람의 이러한 면을 놀림조로 꼬집는 표현입니다. 새침하고 쌀쌀맞으며 자기 자신만 아는 사람을 '깍쟁이'라고 하는데, 한때는 말수가 적은 서울 사람들까지 '서울깍쟁이'라 부르기도 했습니다.

'깍쟁이'라는 말에는 조선 시대의 일화가 숨어 있습니다. 1394년, 이성계가 한양을 새 수도로 삼고자 할 때 고려 시대부터 한양에 숨어 살던 범죄자들이 골칫거리였습니다. 이성계는 고민 끝에 이들을 잡아들인 후 얼굴에 죄목을 새겨 방면했습니다. 얼굴에 새겨진 죄목들 때문에 이들은 끼리끼리 모여 살아야 했고, '깍정이패'라고 불렸습니다. 왜 그렇게 불렀는지는 정확히 알려진 바가 없습니다.

깍정이들은 사람들과 어울릴 수 없었기에 주로 구걸을 하며 생계를 이어 갔는데, 더러는 장례식장에 찾아가 악귀를 내쫓는 행위를 하고 나서 상주를 위협해 돈을 뜯어내곤 했습니다. 그 때문에 '깍정이'는 '이기적이고 남을 배려하지 않는 사람'을 뜻하는 말이 되었습니다. 세월이 흐르며 깍정이들은 사라졌지만, 그 말은 지금까지 남아 '깍쟁이'라는 표현으로 쓰이게 되었습니다.

○ 서울깍쟁이 대신 쌀쌀맞은 사람 또는 아예 쓰지 않기

＋ 그는 쌀쌀맞아 보이는 외모와 달리 정이 많다.

× 셀카 고자, 셀고

'셀카 고자', 그 줄임말인 '셀고'는 '셀프 카메라'로 자기 자신을 찍는 기술이나 능력이 좋지 못한 사람을 낮잡는 말입니다. '고자'를 비슷하게 활용한 말로는 '연애 고자', '눈치 고자', '정치 고자', '그림 고자', '소통 고자', '교류 고자' 등 아주 다양합니다. 성기능 장애인을 직접 가리키지는 않기에 다른 차별 표현들과 구별되지만, 센 표현을 써서 재미를 주려고 애먼 장애인을 이용하므로 차별 언어 사용의 범위에 듭니다.

○ 셀카 고자, 셀고 대신 셀카를 잘 못 찍는 사람

+ 나는 셀카를 잘 못 찍어서 남이 찍어 준 사진이 더 잘 나온다.

✕ 숏다리

'숏다리'는 '짧은 다리, 또는 그런 다리를 가진 사람'을 가리키며 키가 작은 사람을 놀리는 데 쓰입니다. 키 작은 사람은 인기가 없고 자신감이 떨어지며 열등하다? 이런 편견은 큰 키를 필요 이상으로 동경하게 만들어 잘못된 콤플렉스를 낳습니다. 그러다 보니 우유 광고와 어린이 영양제 광고 문구의 키워드역시 '키'입니다. 외모에 대한 편견은 그릇된 문화를 낳기 마련인데, 그 중심에 '숏다리'와 같은 차별적 언어들이 있습니다. 어떤 경우든 신체의 장애나 편향된 외모관을 가지고 다른 사람을 차별하는 언행은 삼가야 합니다.

○ 숏다리 대신 키 작은 사람

\+ 그는 가족들 중에서 키가 제일 작았다.

1장 아예 쓰지 말거나 당장 바꿔야 할 노골적 차별어

× 신용불량자

'신용불량자'는 사람들에게 신용을 얻지 못한 사람을 일컫는 불명예스러운 부름말입니다. 은행이나 신용카드사에서 돈을 빌린 후 정해진 기한 내에 갚지 못해 각종 금융거래를 할 수 없도록 제재를 받는 사람을 가리킵니다. 금융거래에서 비롯된 말이지만, 이런 말을 한번 듣게 되면 그 사람에 대한 전체 평가로 자리 잡으니 심각합니다.

일부러 신용불량자가 되는 경우는 없습니다. 그런데 한 번이라도 이렇게 불리면 신용이 회복돼도 그야말로 지워지지 않는 주홍글씨가 되어 상처로 남고, 그 낙인은 우리 사회와 서로에 대한 불신으로 다가옵니다.

이러한 불신을 막기 위해서라도 막연하게 신용하기 어려운 사람이라 표현하기보다 구체적으로 표현해 '다중채무자', '채무불이행자', '금융기관연체자' 등으로 써야 합니다. '금융채무연체자', '금융채무불이행자'라는 용어 사용을 권장하기도 합니다.

　지울 수 없는 주홍글씨처럼 깊은 상처를 내는 말이 차별
어입니다. 신용불량자라고 낙인찍어 경제적인 어려움에 처한
사람들을 더 힘들게 만들어 궁지로 몰아가는 일은 없어야겠습
니다.

◎　신용불량자 대신 금융기관연체자, 금융채무연체자, 금
　융채무불이행자 등

＋　아는 사람이 금융채무불이행자라더군요.

✕ 아줌마

'아줌마'는 '아주머니'를 낮추어 이르는 말입니다. 우리말에서 '아주머니'는 본래 친족 명칭으로서 '부모와 같은 항렬의 여자를 이르거나 부르는 말'이었습니다. 그런데 차츰 '남남끼리에서 나이 든 여자를 예사롭게 이르거나 부르는 말'로 그 의미가 확대됐습니다.

보통 '아줌마'라고 하면 포근하고 격의 없는 성년의 여성을 뜻했지만, 요즘은 사회적으로 막 행동하는 여성을 가리킬 때 많이 쓰다 보니 낮춤말이 되었습니다. 부정적인 의미가 강하게 느껴지는 차별어로 인식하게 된 것만 보아도 그러합니다.

'아줌마'는 한국에만 있는 개념으로 사전적 의미로는 나이 든 여성을 가리키지만, 용례로 볼 때 거기에 '억척스러움'을 더합니다. 가족 안에서만 헌신적이고 가족을 위해서라면 물불 가리지 않는 몰염치한 여성상이 떠오릅니다. 아줌마는 배려받아야 할 약자의 이미지가 아닙니다. 심지어 그 같은 고정관념은 남성들만 가지는 시각도 아닙니다. 같은 여성들끼리도 낮춤말로 '아줌마'라는 표현을 쓰곤 합니다.

그런데 일단 '아줌마'라고 부르면 실제 모습과 상관없이 막무가내로 뻔뻔하게 행동하며 사람들의 눈살을 찌푸리게 만드는 모습들부터 떠올립니다. 상식적이고 현명하며 정다운 아주머니들까지 '아줌마'로 분류해 혐오하고 있는 것은 아닐까요.

○ 아줌마 대신 아주머니

＋ 앞집 아주머니가 떡을 나눠 주셨어.

✕ 애꾸(눈)

국립국어원이 선정한 차별어 '애꾸눈'은 한쪽 눈 자체를 잃거나 한쪽 눈의 시력을 잃은 상태를 말합니다. '눈'을 빼고 '애꾸'라고 쓰기도 합니다. '하나를 빼는, 하나가 없는'이라는 뜻을 가진 팔리어(이란 어파에 속한 언어) '에쿠나ekuna'에서 유래했다는 설, 석가모니 제자 중 한쪽 눈이 먼 '애꾸다나' 장로가 있었다는 설 등이 있지만, '애꾸눈'의 정확한 어원은 밝혀지지 않았습니다. 어쨌든 '애꾸눈'은 그렇게 불리는 대상이 불편해하고 모욕감을 느끼는 말입니다.

○ 애꾸(눈) 대신 시각장애(인)

＋ 그는 웃는 것처럼 입을 벌리고 시각장애가 있는 한쪽 눈을 멍하니 뜨고 있었다.

✕ 애자

'애자'는 장애인을 비하하는 욕설로, '장애인'의 옛 명칭인 '장애자'에서 파생된 것입니다. 2000년대 초반에 네티즌이나 청(소)년들 사이에서 장애인을 멸시하며 많이 사용했던 혐오 표현입니다.

'애자'라는 말이 퍼지면서 '장애자'에서 '장애인'으로 공식 표기가 바뀌었습니다. 장애인에 대한 인식을 개선할 겸 언론에서는 '애자'라는 낱말을 근절하자는 캠페인이 벌어지기도 했습니다.

특히 이 표현은 게임 공간에서 무분별하게 사용되고 있어 쓰는 사람도, 보고 듣는 사람도 장애인을 비하하는 의미인지 좀처럼 인지하지 못하는 지경에 이르렀습니다. 게임 공간에서 '애자'와 같은 장애인 혐오는 습관에 가깝습니다. 어떤 표현이든 장애인을 바라보는 그릇된 인식이나 편견이 깃들었다면 마땅히 사용을 삼가야 하는 차별어입니다.

차별어 중에서도 상대를 멸시하며 비아냥거리는 욕설은 가슴을 후벼 팝니다. 눈에 보이지는 않아도 아주 깊은 상처를 내어 쉽게 아물지 않습니다. 장애인이든 비장애인이든 상대를 조금만 배려해서 말하면 모두가 함께하는 따뜻한 세상이 될 수 있습니다.

○ 애자 대신 장애인

＋ 이런 식의 프로그램은 장애인들에게 전혀 도움이 되지 않을걸?

✕ 양키

'양키'는 미국 사람을 낮잡아 이르는 말입니다. 본디 뉴잉글랜드 원주민의 이름으로, 미국의 독립전쟁 때는 영국인이 미국인을, 남북전쟁 때는 남군이 북군을 조롱해 이르던 말에서 유래합니다.

'양키'를 미국에서는 일상적인 용어로 사용하기도 합니다. 미국에서 발행되고 거래되지만 외국법인이 발행 주체인 채권을 '양키 본드'라 하고, 유명한 야구팀 이름이 '뉴욕 양키스'인 것처럼 말입니다. '양키'는 미국 안에서 뉴잉글랜드 지방의 엄격하고 검소한 사람들을 가리킬 때도 쓰입니다. 이러한 뜻으로는 미국 어디에서나 통합니다.

그러나 아직도 미국 남부에서는 노예제에 반대했던 메이슨·딕슨선 북쪽의 주를 조롱하는 말로 '양키'를 씁니다. 2000년과 2004년에 있었던 미국 대통령 선거 이후에는 메릴랜드주와 델라웨어주까지 포함하는 말로 바뀌어 정치적인 성향을 구분

짓는 말로 쓰기도 합니다.

미국 외의 나라에서는 지역마다 다르게 쓰입니다. 영국, 오스트레일리아, 뉴질랜드에서는 '양키'와 '양크Yank'가 미국인을 부르는 구어로 쓰입니다. 남아메리카와 동아시아에서의 '양키'는 반미 감정을 담은 욕으로 쓰입니다. 한국에서도 '양키'는 역시 차별어로 사용하는 경우가 대부분입니다.

○ 양키 대신 미국인, 미국 사람

＋ 미국인들과 거래를 튼 덕분에 달러를 꽤 만져 보게 되었다.

✕ 어린것, 어린애

'어린것'은 어린아이나 어린 자식을 귀엽게 이르는 말이기도 하지만, 나이가 어린 사람을 낮잡아 이르는 말입니다. '어린것들', '어린애들'과 같은 말은 주로 나이 든 사람들이 나이 어린 사람들을 업신여기고 무시하는 뜻으로 사용할 때가 많습니다. 특히 '어린것들'은 나이 어린 사람들을 혐오하는 맥락에서 자주 등장해 세대 간 갈등을 유발합니다. 인터넷 게시글에는 "요새 어린것들은 예의도 모르고 자기만 안다", "어린것들이 너무 설쳐 댄다" 따위의 표현들이 심심찮게 눈에 띕니다. 나이가 어리다고 하여 멸시하듯이 낮추어 부르면 안 됩니다.

○ 어린것, 어린애 대신 어린이

＋ 요즘 어린이들은 많이 힘든가 봐.

✕ 언청이

'언청이'는 입술갈림증(구순구개열)이 있어서 윗입술이 세로로 찢어진 사람을 낮잡아 이르는 말입니다. 흔한 선천성 얼굴 기형으로, 우리나라에서는 약 650~1,000명당 한 명꼴로 나타납니다. 입술, 입천장뿐만 아니라 얼굴 전체가 변형되어 얼굴이 비정상적으로 보일 수도 있습니다. 우리말에는 이와 같은 외모를 비하하는 속담이 많습니다. "언청이 굴회 굴리듯", "언청이도 저 잘난 맛에 산다", "쌍언청이가 외언청이 타령한다" 등이 그렇습니다. 이러한 속담들은 모두 지금은 장애를 잘못 표현하는 차별 표현으로 인식합니다.

○ 언청이 대신 입술갈림증 환자

╋ 그 의사는 입술갈림증 수술 전문가이다.

✕ 여편네, 부엌데기, 솥뚜껑 운전수

'여편네, 부엌데기, 솥뚜껑 운전수'는 모두 결혼한 여성을 비하하는 표현들입니다. '여편네'는 결혼한 여자를 낮잡아 이르는 말이고, '부엌데기'는 부엌일을 맡아서 하는 여자를 낮잡아 이르는 말이며, '솥뚜껑 운전수'도 '가정주부'를 속되게 이르는 말입니다. 전부 쓰지 말아야 할 말들입니다. 흔히 '남편'의 상대어로 '아내'를 생각하지만, 남편의 상대어는 '여편네'입니다. '남편'과 달리 '여편'에는 '네'를 붙여서 '여편네'라고 낮추어 불렀습니다. 먹고사는 일만큼 중요한 일도 없는데, 왜 집안일을 한다고 해서 낮춤말을 써야 할까요.

○ 여편네, 부엌데기, 솥뚜껑 운전수 대신 <u>가정주부</u>

＋ 가정주부 오 년 차가 되니 집안일에 요령이 생겼다.

✕ 예수쟁이

'예수쟁이'는 기독교 신자를 부정적으로 이르는 말입니다. 서양에서 들어온 기독교에 대한 반감에서 만들어진 표현입니다. 이 표현은 지하철역이나 광장 등에서 큰 소리로 전도하는 일부 기독교인들 때문에 더욱 확산됐습니다. 그러나 기독교인 전체를 차별하는 의도로 많이 쓰이므로 사용하지 말아야 합니다. 더구나 '-쟁이'는 '그것과 관련된 일을 직업으로 하는 사람'이나 '그것이 나타내는 속성을 많이 가진 사람'의 뜻을 더하는 접미사이기에 조어법상 적절치도 않습니다.

○ 예수쟁이 대신 기독교인, 기독교 신자

+ 대학 동기 중 나와 처음 친해진 친구는 기독교 신자였다.

✕ 오랑캐

'오랑캐'는 예전에 두만강 일대의 만주 지방에 살던 여진족을 무시해 이르던 말인데, 그 이후로 더욱 널리 사용되어 '서양 오랑캐' 등 모든 이민족을 낮잡아 이릅니다. 이 말에는 중국 중심의 세계관이 짙게 반영되어 있습니다. 중국인이 중국 이외의 다른 민족, 다른 나라 사람들을 오랑캐라고 불러서 나온 말입니다.

'오랑캐'는 삼림민을 뜻하는 중세 몽골어 '우량카이^{Uri-ankhai}'에서 유래합니다. 중세 몽골인들이 투바인(러시아의 투바 공화국에 거주하는 민족)들을 비하할 때 쓰던 말이기도 했습니다. 특히 원나라 때 일부 몽골족이 중국 문화를 받아들여 중원으로 이주했습니다. 그들은 자신들과 달리 여전히 초원이나 사막에서 유목 생활을 하는 다른 몽골족들과 유목민들을 야만족으로 여기며 멸시한 듯합니다.

한국전쟁 때 불리기 시작해서 고무줄놀이를 할 때도 변형되어 불렸던 이선근 작사, 권태호 작곡의 〈무찌르자 오랑캐(승리의 노래)〉에도 '오랑캐'가 등장합니다. "무찌르자 오랑캐 몇 백만이냐"라는 가사 속 오랑캐는 중공군입니다. 중국 사람을 오랑캐라고 부른 것입니다. 이처럼 우리말에서는 야만적인 침략자를 흔히 '오랑캐'라고 불렀음을 알 수 있습니다.

○ 오랑캐 대신 북방 민족

＋ 우리 역사에 북방 민족을 토벌하며 무용을 떨친 장수가 몇몇이던가?

× 오징어

'오징어'는 본래 의미와는 상관없이 외모가 뛰어나지 않은 사람을 놀림조로 이르는 말로 자주 쓰이고 있습니다. 어느 라디오 프로그램에서 한 인터넷 사연이 소개되면서 이 말을 쓰게 되었다고 합니다. 외모가 출중하지 못한 평범한 사람, 못생긴 사람을 '오징어'에 비유한 사연입니다.

어느 날 한 여성이 남자 친구와 함께 영화를 보러 가서 무대 인사를 나온 남자 배우를 보고는 '에이, 잘생긴 배우도 실물은 별것 없네' 했는데, 옆을 돌아보니 웬 '오징어'가 팝콘을 먹고 있었다는 우스개였습니다. 거기서 '오징어'라는 비유가 유명세를 타서 널리 퍼지게 되었다고 합니다.

2000년대 초반 이전에 사람의 외모를 폄하하려고 '호박'이나 '감자'에 비유한 것과 유사합니다. 그중에서 '호박'은 국립국어원 우리말샘에 아예 여러 뜻 중 하나로 "못생긴 여자를 놀림조로 이르는 말"이라 실려 있기까지 합니다. 윤곽이 뚜렷하지 않은 평면적 얼굴을 오징어에 비유했다는 주장도 있습니다만, 아무튼 그 같은 비유를 당하는 사람에게 상처가 된다면 누군가의 외모를 비하할 의도로 끌어들여서는 안 되겠습니다. 맛있는 오징어든 그 무엇이든 말입니다.

○ 오징어 대신 적절한 표현으로 바꾸거나 아예 쓰지 않기

＋ 거울을 보니 만족스럽지 않은 모습의 내가 있다.

× 오크남, 오크녀

'오크orc'는 판타지 문학이나 게임에 나오는 추하게 생긴 사악한 괴물입니다. 그 이름의 유래는 여러 가지인데, 인간의 형태를 한 호전적 종족 오크는 존 로날드 로웰 톨킨의 소설《반지의 제왕》에서 처음 등장합니다. '오크남', '오크녀'는 흉측한 외모의 오크를 빌려 와서 외모가 떨어지는 사람을 비하하는 새말입니다. 단지 못생겼다는 의미에서 더 나아가 몹시 추하다는 경멸어로까지 쓰입니다.

○ 오크남, 오크녀 대신 적절한 표현으로 바꾸거나 아예 쓰지 않기

＋ 세상에 못생긴 사람은 없어.

1장 아에 쓰지 말거나 당장 바꿔야 할 노골적 차별어

✕ 외눈박이

'외눈박이'는 '애꾸', '애꾸눈이'와 함께 한쪽 눈이 먼 사람을 낮잡아 이르는 말입니다. 일상에서는 왜곡된 시각, 편파적인 시각을 "외눈박이 시각"으로 많이 표현합니다. 그러나 이는 장애인들의 신체와 관련한 비하 표현입니다. 일반적으로 통용되는 말일지라도 우리가 알게 모르게 쓰는 언어 습관이 장애인을 더욱 편견과 차별 속으로 내몰 수 있기에 쓰지 말아야 합니다.

○ 외눈박이 대신 시각장애인
＋ 그가 마주친 사내는 왼쪽 눈에 유리알을 박은 시각장애인이었다.

✕ 왜놈, 왜인

'왜인'은 일본 사람을 낮잡아 이르는 말입니다. 한국 사람은 '왜인'보다 한층 비하한 비속어 '왜놈'을 더 많이 사용합니다. 이 말은 본래 일본의 옛 공식 대외 국명인 '왜국倭國'에서 비롯했으나, 여기에 '인' 또는 고유어 '놈'을 붙여 비하어로 사용하고 있는 것입니다. '왜놈'은 1990년대 후반까지 초등학생부터 성인까지 '쪽발이'와 함께 일본을 욕할 때 흔하게 사용됐습니다. 일제강점기에는 그 악명이 높아 "왜놈 순사 온다"라고 우는 아이를 겁주며 달래기도 했습니다.

○ 왜놈, 왜인 대신 일본인, 일본 사람
＋ 일본인들의 침략으로 우리나라의 많은 문화재가 소실됐다.

× 잡상인

표준국어대사전에서는 '잡상인'을 "일정한 가게 없이 옮겨 다니면서 자질구레한 물건을 파는 장사꾼"이라고 풀이했습니다. '자질구레한'이라는 표현 자체가 중요하지 않은 물건을 판다는 이미지를 줄 수 있고, '장사꾼'도 장사하는 사람들을 부정적으로 낮잡는 의미로 전달될 수 있습니다.

'여러 가지가 뒤섞인' 또는 '자질구레한'의 뜻을 더하는 접두사 '잡雜-'이 붙은 말들은 대체로 부정적인 의미를 담고 있습니다. 여러 이름 없는 물고기들을 통칭해 '잡고기'라 하고, 건축 공사 과정에서 주요 시설 공사를 제외한 자질구레한 설비를 통틀어 '잡공사'라 하는 것과 같습니다.

우리는 '잡상인'이라는 표현을 어디에서 자주 접했을까요? 바로 "잡상인 출입 금지"입니다. 이 같은 안내문에서 '잡상인'은 경멸과 배척의 대상입니다.

그러나 인류 역사에서 이동하면서 장사하는 사람들이 일

귀 놓은 문명은 이루 헤아릴 수 없습니다. 한 가지 품목만 집중적으로 다루기보다 갖가지 품목을 취급하는 경우가 많아 그들을 '잡상인'이라 부르며 하찮게 대해 왔습니다.

하지만 이런 그들의 상행위를 부정적인 언어로 표현한다면 바람직하지 않습니다. 그래서 다분히 비하적인 표현 대신 '행상인', '이동 상인'으로 대체하기 시작했습니다. 불법이 아니라면 그들의 상행위는 마땅히 존중받아야 합니다.

○ 잡상인 대신 행상인, 이동 상인

＋ 시장 앞 간선도로에 행상인들이 좌판을 벌이기 시작했다.

'잡역부'는 자질구레한 일에 종사하는 사람이라는 뜻으로, 보통은 일용직 노동자를 가리킵니다. '잡역부'의 '잡-'은 '잡초'의 '잡-'과 같은 접두사를 씁니다. 잡초가 부정적인 풀로 인식되듯, 바로 이런 편견이 들어간 직업명은 "직업에는 귀천이 없다"라는 말을 무색하게 만듭니다. '잡역부'에서는 근로자들의 비숙련성을 강조하려는 의도가 강하게 느껴집니다.

'잡역'에는 중요한 일, 가치 있는 일이라는 의미가 없습니다. 오히려 잡역으로 분류되는 일들을 하찮은 일, 곁들이에 불과한 일이라고 생각하게끔 만듭니다. 그러한 일을 매일 하면서 생계를 이어 가는 노동자에 관해서도 마찬가지입니다. 잡역을 우습게 여기는데, 그 일을 하는 사람을 잡역부라 부르면서 과연 존중할 수 있겠습니까?

잡역을 하찮은 일로 우습게 여기면서 그 일을 하는 이들을 잡역부라고 얕잡아 부른다면, 직업의 귀천을 나누는 고정관

넘에 갇혀 있기 쉽습니다. 그러한 직업관은 시대의 흐름을 거스릅니다. 시대의 요구는 서로의 일을 이해하고 존중하는 방향으로 나아가고 있습니다. 자칫 차별적인 직업명들을 무신경하게 사용하는 일이 없도록 주의해야겠습니다.

○ 잡역부 대신 일용직 노동자

+ 이 일은 오후에 오시는 일용직 노동자분께 부탁하자.

✕ 잡종

'잡종'은 사전적으로는 서로 다른 종이나 계통 사이의 교배로 생긴 자손을 말합니다. 사람에게 쓰일 때는 서로 다른 인종 사이에서 태어난 사람을 부정적으로 가리킵니다. 피가 섞여 순수하지 못한 존재임을 강조합니다. 혼혈을 잡종이라 비하하지만, 사실 인간은 생물학적으로 유전적 다양성이 멸종위기종인 고릴라보다도 못한 단일 개체입니다. 인종차별을 위해 인종을 구분하던 시대의 정치적, 사회적 잔재라 따지기에 앞서 생물학적 관점에서도 틀린 말이니 쓰지 말아야 합니다.

○ 잡종 대신 다문화가정 자녀

＋ 그는 베트남인 어머니와 일본인 아버지 사이에서 태어난 다문화가정 자녀이다.

× 잼민이

'잼민이'는 온라인상에서 미성숙하고 무례한 행동을 하는 초등학생을 일컫는 새말입니다.

이 말은 어느 인터넷 방송 플랫폼에서 2019년부터 사용된 어린 남자아이 목소리에서 유래합니다. 실제로는 '재민'이라는 이름으로 등록된 인공 전자 목소리였지만, 이용자들이 재미있다는 반응을 보이면서 '잼(재미)'과 '재민이'를 합친 '잼민이'가 등장했습니다.

'잼민이'는 처음에는 귀엽고 재미있는 초등학생을 지칭하는 말이었습니다. 그러다가 그 의미가 더욱 확장되어 평범한 저연령층을 가리키는 데도 남용됐습니다. 급기야 온라인에서 아이들의 무례한 행동에 화가 난 어른들이 무개념 저연령층을 비꼴 때 사용하기 시작했습니다. 그리하여 '초딩', '급식충'처럼 혐오 표현으로 자리 잡았습니다.

이 같은 표현들에는 나이 어린 사람을 얕잡아 보는 시각이 짙으므로 맥락에 따라 '어린이'나 '초등학생'으로 순화하는 것이 좋겠습니다. 그 어린이의 이름을 직접 부르는 것도 권장됩니다.

그리고 '잼민이'라는 말을 모르는 사람들도 의외로 많습니다. 온라인상에서 벌어지는 일들은 그곳에 관심 있는 사람들만 알고 있으니까요. '잼민이'가 무슨 뜻인지 모르는 사람들은 그 표현이 언급된 맥락을 잘 파악하지 못해 어리둥절할 것입니다. 그것도 차별과 매한가지입니다.

○ 잼민이 대신 어린이, 초등학생
+ 생각이 어린이만 못하다.

× 저능아

'저능아'는 지능이 남보다 떨어지는 아이를 낮잡아 이르는 차별어입니다. '저능아'라는 말속에는 지능이 낮아 아무것도 할 수 없다는 선입견이 배어 있습니다.

지능이 평균보다 낮으면 성인이 되어도 '저능아'라 불리는데, 이는 어른이 되어도 아이 취급을 받는 게 마땅하다는 뜻입니다. 이러한 차별어는 외모를 비하하는 말 못지않게 당사자에게 모욕감을 주기 때문에 절대 사용하지 말아야 합니다.

또한 '저능아'는 상대를 비난하는 욕설로도 자주 내뱉습니다. 낮은 지능을 욕설로 사용하는 자체가 지적장애인을 차별하며 깔보지 않고는 감히 할 수 없는 언행입니다. 의학적으로 지적장애 범주에 들지 않더라도 상대를 비하하고 조롱하는데 '저능아'를 비롯한 지적장애 관련 단어들이 많이 쓰입니다.

지능이 남보다 떨어지는 장애를 가진 경우에는 '지적장애인'이라는 단어를 사용하는 것이 적절합니다. 이 표현은 지적으로 다소 장애가 있을 뿐이라는 의미를 담고 있습니다. 객관적이면서도 포용적이라 우리 모두가 보듬어 안을 수 있는 낱말입니다. 요즈음은 다중 지능 시대라 특정 지능 중심으로 사람을 판단해서는 안 됩니다.

○ 저능아 대신 지적장애인

+ 최근 개봉된 그 영화는 지적장애인인 주인공이 좌절과 시련을 딛고 백만장자로 성공하기까지의 삶을 감동적으로 그렸다.

× 전라디언, 깽깽이

'전라디언'은 '전라도인'의 발음을 재미 삼아 비꼬아 만든 비하 표현입니다. '깽깽이'는 '-랑깨(랑께)'로 끝나는 전라도 사투리에 빗대어 전라도 사람들을 낮춰 부르는 표현입니다. '전라디언'은 전라도의 '전라'와 사람을 나타내는 '-ian'을 합쳐 만들었습니다. 보통 '-ian'은 국적이나 민족 등을 구분하는 영어 접미사입니다. 그런 면에서 '코리안'과 구별되는 용어 '전라디언'은 '한국인(의 정서)과 다른 전라도인'이라는 의미를 드러내며 명백하게 전라도 사람을 비하합니다.

○ 전라디언, 깽깽이 대신 <u>전라도민</u>

+ 너 전라도민이지? 여기 가는 길 좀 알려 줄래?

1장 아예 쓰지 말거나 당장 바꿔야 할 노골적 차별어

× 절름발이

'절름발이'는 한쪽 다리가 짧거나 다쳐서 걷거나 뛸 때 몸이 한쪽으로 자꾸 기우뚱거리는 사람을 낮잡는 말입니다. 발 달린 물건의 한쪽 발이 온전하지 못한 것을 묘사할 때도 쓰이며, 불균형적으로 조화를 이루지 못하는 상태를 비유할 때도 쓰입니다. '절름발이'에 비하 의미가 담겨 있지만, 이 말에 다른 어휘가 더해지면 우리 감각은 둔해집니다. '절름발이 정책', '절름발이 국회', '절름발이 행정'……. 균형과 조화를 이루지 못한 상태를 표현하는 많은 곳에 써 왔고, 지금도 마찬가지입니다.

○ 절름발이 대신 다리가 불편한 사람
＋ 심한 부상을 입고 다리가 불편한 사람이 되었다.

✕ 젊은것, 젊은애, 요즘 것

'젊은것'은 '젊은이'를 낮잡아 이르는 말입니다. 우리 사회에서는 나이와 관련한 차별어가 심하게 만연합니다. '젊은것'이라는 말에는 나이가 어리니 무조건 복종해야 한다는 관념이 반영되어 있습니다. 나이가 적다고 해서, 또 나이가 많다고 해서 상대를 깔보듯이 낮추는 말들은 모두 차별어입니다. '늙은것', '어린것'처럼 '젊은것들', '젊은애들', '요즘 것들' 따위의 말들은 모두 '젊은이들'로 바꾸어 쓰면 좋겠습니다.

○ 젊은것, 젊은애, 요즘 것 대신 젊은이

✚ 요즘 젊은이들은 굉장히 솔직하고 시원시원하다.

× 점쟁이

'점쟁이'는 점치는 일을 직업으로 하는 사람을 가리키는 보통 말입니다. 전통 시대에는 흔한 직업이었으므로 '매복자', '복인', '복자', '복재', '점술가', '점자', '주역선생' 등 다양한 말로 불렸습니다.

그런데 '-쟁이'는 무엇에 관련된 일을 직업으로 하는 사람이라는 뜻을 나타내는 접미사이지만, 그런 사람을 낮잡아 이를 때 씁니다. '관상쟁이', '그림쟁이', '글쟁이', '빵쟁이', '이발쟁이' 등이 그렇습니다. 이와 같은 차별어는 예술 직업, 전문 기능 직업을 낮게 보았던 조선 시대에 생겨나 아직까지 쓰이고 있습니다.

이제 '관상쟁이'는 '관상가'로, '그림쟁이'는 '화가, 화백'으로, '글쟁이'는 '작가'로, '빵쟁이'는 '제빵사'로, '이발쟁이'는 '이발사'로 자리 잡아 거의 쓰이지 않게 되었습니다. 그런데 '점쟁이'는 점치는 직업이 미신이라 하여 부정적인 이미지가 여전히 강해 없어지지 않았습니다. 그래서 '역술인, 역술가'와 같은 대안어가 생겼습니다. 사단법인 한국역술인협회도 1968년에 생겨 꾸준히 활동하고 있습니다.

○ 점쟁이 대신 <u>역술인, 역술가</u>

＋ 내가 아는 역술가 중에 용한 사람이 있는데 같이 가 보실래요?

× 중고남, 중고녀

'중고'는 이혼한 여성을 빗대어 부를 때는 차별어로 쓰지 말아야 할 말입니다. '중고'의 사전적 의미는 표준국어대사전에 "이미 사용했거나 오래됨"입니다. 혼인 생활을 정리하고 이혼한 여성을 '이미 사용했거나 오래된' 여성으로 비하해 '중고'라고 지칭한 것입니다. 그러다 보니 여성들도 이혼한 남성을 '중고남'이라 부르게 되었고, 자연스럽게 여성만을 가리키던 '중고'는 '중고녀'와 '중고남'으로 분화했습니다. '중고녀'와 '중고남' 모두 사람을 물건(중고)에 빗대어 부르는 비칭이기도 하므로 쓰지 말아야 합니다.

○ 중고남, 중고녀 대신 <u>이혼한 남자, 이혼한 여자</u>

＋ 새로 오신 선생님이 이혼하신 분이라면서?

✕ 중궈, 쭝궈

'중국'이라는 이름에는 중국이 천하의 중심에 있는 나라라는 자부심이 들어 있습니다. 중국인들은 지금도 스스로 '중궈中國, [Zhōngguó]'라 하고, '중화中華인민공화국'이라 자칭합니다. '중궈', '쭝궈' 자체는 '中國'의 중국어 발음을 유사하게 옮겨 놓은 것이지만, "중궈 out"과 같이 중국인을 향한 혐오 표현으로 주로 쓰인다는 것이 문제입니다. 중국어로 '한국韓國'은 '한궈[Hánguó]'입니다. 우리나라 사람이 중국인을 가리켜 말할 때 계속 비하하며 '중궈', '쭝궈'로 지칭한다면, 중국인도 우리나라 사람에게 "한궈 out"과 같은 혐오 표현을 하게 될 것입니다.

○ 중궈, 쭝궈 대신 중국, 중국인
+ 중국에서 한류 드라마가 유행한다.

1장 아예 쓰지 말거나 당장 바꿔야 할 노골적 차별어

× 지잡대

'지잡대'는 '지방 소재의 잡다한 대학'이라는 의미로, 지방에 있는 대학교를 비하하는 낱말입니다. 지방대를 향한 멸시는 우리 사회에 뿌리박힌 수도권 쏠림 현상과 학벌주의의 결정체입니다. '지잡대'는 그러한 분위기 속에서 탄생했습니다.

수십 년간 한국의 산업 기반과 생활 기반, 그리고 자원과 인재는 서울로 집중됐습니다. 소위 '인서울' 대학에 가지 못한 청년들에게는 게으르고 열등하다는 사회적 평가가 형성됩니다. 이 꼬리표는 스무 살도 되기 전에 달라붙어 대학 생활은 물론 취업, 직장 생활, 연애, 결혼 등 온 생애에 망령처럼 따라다닙니다.

그러나 지방 소멸 시대에는 지방대가 살아야 지방이 살고, 지방대 활성화가 풀뿌리 경제, 풀뿌리 민주주의의 바탕이 됩니다. 넓게 보면 모든 지역이 지방입니다. 서울도 서울 지방일 뿐인데, 서울 중심의 패권주의가 다원주의 공생 구조를 망

가뜨리고 있습니다.

　철도 용어 중에 '상행선'과 '하행선'도 차별어입니다. 부산에서 서울로 올라가는 것도 상행선, 강릉에서 서울로 내려가는 것도 상행선입니다. 서울 패권주의를 부추기는 이러한 말들은 쓰지 말아야 합니다.

○ 지잡대 대신 <u>지방 소재 대학</u>

＋ 지방 소재 대학생이 대기업에 입사하는 사례도 많아.

'짠돌이'는 구두쇠처럼 매우 인색한 남자를 비유적으로 이르는 말입니다.

　'짠돌이'를 낱말 차원에서 보면 '남자답지 못하다-쩨쩨하다-쪼잔하다'와 비슷하게, 남성 성 역할의 고정관념을 드러내는 성차별 표현이라 할 수 있습니다. 또 '짠돌이'의 '-돌이'는 남성을 하잘것없는 존재로 낮잡아 부르는 데 자주 쓰입니다. 우리나라 산업화가 한창 진행되던 시절, 생산직 노동자들을 '공돌이'로 비하해서 썼던 것처럼 말입니다. 요즘은 공대생을 가리켜 '공돌이'라고 쓰는 경우도 있네요. 이걸 보면 같은 용어도 시대에 따라 뜻이 달라지나 봅니다.

　'짠돌이'에는 절약하는 습성이 있고, 쓸데없는 지출을 금기하며, 충동구매와 과소비를 싫어한다는 긍정적 측면도 있습니다. 그보다 자기 물건이 있어도 남의 물건을 사용하고, 목적 없이 돈을 모으며, 돈을 쓰지는 않고 모으기만 하는 데 혈안이 되어 있다는 부정적 의미가 더 강하게 담겨 있을 뿐입니다.

그러나 남에게 피해를 끼치지 않는 선에서 스스로 절약 정신을 발휘해 검소한 습관을 추구한다면 오히려 칭찬받아 마땅한 행동입니다. 따라서 짠돌이의 긍정적인 특성을 전할 수 있는 표현으로 바꾸어 쓰는 것이 바람직합니다.

○ 짠돌이 대신 검소한 사람, 절약가, 알뜰 왕 등

+ 그는 교통비를 아끼려고 가까운 거리는 걸어 다닐 정도로 검소한 사람이다.

1장 아예 쓰지 말거나 당장 바뀌야 할 노골적 차별어

✕ 짠물

'짠물'은 보통 짠맛이 나는 물을 이르지만, 바닷가 출신이나 바닷가에 사는 사람을 놀리는 말로도 쓰입니다. 소금이 매우 절실하지 않은 사람은 없습니다. 그러니 이 말 자체가 모순적이고 차별적입니다. 인천 지역 사람들 중 인색한 사람이 많다는 의미로 '인천 짠물'이라는 표현도 자주 쓰입니다. '인천 짠물'은 '돈을 잘 쓰지 않는다' 또는 '검소하다'는 뜻으로 널리 사용됐습니다. 인천시사편찬위원회에서는 '인천 짠물'의 유래를 염전보다는 한국전쟁으로 피란한 인천 정착민들의 알뜰한 절약 생활에서 찾으며 부정적인 해석을 경계했습니다.

○ 짠물 대신 바닷가 사람
+ 그는 바닷가 사람이어서 수영을 잘한다.

× 짭새

'짭새'는 경찰관들을 낮잡아 이르는 은어로, 1980년대 대학가에서 생겨났습니다. 군사정권 시절, 매일같이 민주화 운동을 하는 대학생들의 시위가 일어나다 보니 사복 경찰들이 대학가에 상주했습니다. 그들을 가리켜서 '짭새'라 부르며 멸시했습니다.

이 낱말이 생겨난 시절에는 사진사를 '찍새', 군대 이발병을 '깎새', 구두닦이를 '딱새'라고 하는 등 '-새'라는 접미사를 붙여 비하하는 말을 만들곤 했습니다. '짭새' 역시 같은 맥락으로 만들어졌습니다. 경찰관은 범죄자를 '잡는' 사람이니 '잡새'라고 했는데, 이후에 경음화 현상이 일어나 '짭새'로 변형된 것입니다. '-새'가 어디서 나왔는지 분명하지 않지만 '새끼'의 줄임말이라는 추측, '마당쇠', '변강쇠', '돌쇠', '먹쇠' 같은 천민이나 머슴의 이름에 붙던 '-쇠'가 변한 말이라는 추측이 있습니다.

경찰관을 비하하는 은어인 '짭새'가 표준국어대사전에 등

재됐다는 사실을 어떻게 보아야 할까요? 불편한 국가 공권력이 '혐오'의 대상이 되었음을, 그리고 그 혐오가 우리 사회에서 엄연히 한자리를 차지하고 있음을 알려 줍니다.

○ 짭새 대신 <u>경찰(관), 경찰 공무원</u>

\+ 머리가 짧고 눈매가 날카로운 경찰관이 학교 주변에 서 있다.

× 착짱죽짱

'착짱죽짱'은 '착한 짱깨는 죽은 짱깨뿐'이라는 뜻입니다. 뉴스 댓글이나 각종 커뮤니티 등에서 심심치 않게 보이는 표현으로, 중국인 혐오를 공격적으로 드러냅니다. 이 표현은 본래 19세기 아메리카 원주민 학살 작전을 주도한 미국의 필립 셰리든^{Philip Sheridan} 장군이 "착한 인디언은 죽은 인디언뿐이다"라고 한 말에서 유래했습니다. 특정 국가와 그 나라 사람들을 비하하는 차별어들은 폭력적인 인종차별로 번지고, 국가 간분쟁을 불러일으켜 국가의 이익까지 해칠 수 있습니다.

○ 착짱죽짱 대신 중국인, 중국 사람

＋ 이곳에 오는 관광객 비율은 중국 사람이 절반을 차지했다.

× 천치

'천치'는 선천적으로 정신 작용이 완전하지 못한 사람을 '어리석고 못난 사람'이라 비하하는 차별어입니다. 우리나라에서는 지적장애인에게 '바보, 천치, 백치, 정신박약' 같은 부정적이고 인격 모욕적인 표현을 사용해 왔습니다. 그러다가 '정신지체'라는 용어로 개선하기 시작했지만, 최근에는 '지적장애, 지적장애인'이 일반 용어로 통용되고 있습니다. 지적장애인을 가리켜 천치라고 해서도 안 되지만, 지적장애인이 아닌 상대에게 욕하는 말로도 천치를 입에 담아서는 안 됩니다.

○ 천치 대신 <u>지적장애인</u>

╌╌╌

＋ 그는 지적장애인 아들을 지극정성으로 보살폈다.

✕ 철밥통

'철밥통'은 철로 만들어 튼튼하고 깨지지 않는 밥통이라는 뜻으로, 해고 위험이 적고 고용이 안정된 직업을 비유적으로 이르는 말입니다. 무능하고 게으르더라도 결코 해고당하지 않는 직업이라고 빈정거리는 것입니다. 주로 공무원들을 가리켜 '철밥통'이라고 합니다. 여기에는 다분히 질시가 섞여 있고, 어느 정도 낮잡아 보는 시각도 들어 있습니다. 그 직업을 잘 알지도 못하면서 안정적이라는 이유만 가지고 막연히 '무능하다', '게으르다', '월급만 축낸다' 같은 부정적 시각을 담아 '철밥통'이라고 불러서는 안 되겠습니다.

○ 철밥통 대신 안정적인 직업
＋ 공무원은 안정적인 직업의 대명사로 불린다.

✕ 촌놈

'촌놈'은 표준국어대사전에 "시골 남자를 낮잡아 이르는 말"로 풀이되어 있습니다.

산업화 시대를 거치며 우리 사회의 정치, 경제, 문화, 교육 등은 거의 모두 도시로 집중됐고, 도시와 농촌 간의 생활 격차가 그만큼 벌어졌습니다. 그 여파로 자연스럽게 시골 사람을 비하하는 말들이 생겨났는데, '촌놈'은 가장 대표적인 지역 차별어입니다. 국어사전에도 실려 있을 만큼 그 뿌리가 깊습니다.

그런데 '촌놈'은 이제 시골 사람만 뜻하는 표현이 아닙니다. 전자 기기 조작에 서툰 사람, 도시에 잘 어울리지 않는 사람, 문명에 잘 적응하지 못하는 사람 등 어디서나 부정적인 의미로 쓰고 있습니다. 행동이나 외모가 세련되지 못하고 어수룩한 사람까지 '촌놈'이라 낮잡습니다.

누누이 말하지만, 시골에 사는 사람이든 도시에 사는 사람이든 낮잡아 차별해서는 안 됩니다. 그저 '수도 이외의 지방에 사는 사람'을 가리키는 '지방인', '지방 사람'이면 충분합니다.

더욱이 지방마다 그 지방의 특별한 정서와 문화가 있기 마련입니다. 그 지방의 정서와 문화를 계승하고 보존하는 일은 그 지방 사람들이 가장 잘합니다. 지금 우리가 소중한 유산으로 여기는 서원도 각 지방에서 꽃피었습니다.

○ 촌놈 대신 지방인, 지방 사람

+ 나는 지방에서만 살아 본 지방인이라네.

'촌뜨기'는 시골 사람을 낮잡아 이르는 말로 '촌놈'과 유사한 상황에서 쓰입니다. 우리말에서 '-뜨기'라는 접미사는 일부 명사에 붙어 '부정적 속성을 가진 사람'의 뜻을 더합니다. '사팔뜨기', '시골뜨기', '얼뜨기', '칠뜨기'가 대표적입니다. 그러니 '촌뜨기'는 시골 사람을 '촌놈'보다도 더욱 낮춘 말이라고 볼 수 있습니다. '촌뜨기'는 도시 생활에 자연스럽게 어울리지 못하고 어리숙한 사람을 비웃는 말로도 확장되어 쓰입니다. 이와 같은 차별어는 개인의 인격을 침해하므로 쓰지 말아야 합니다.

○ 촌뜨기 대신 농촌 사람, 시골 사람
＋ 한 농촌 사람이 서울 한복판에서 두리번거리고 있다.

✕ 출가외인

'출가외인'은 시집간 딸은 우리 집 사람이 아니고 남이나 마찬가지라는 의미를 담은 말입니다.

'시집을 가면 그때부터 남이다'라는 인식은 조선 시대의 지독한 성차별 문화에서 비롯합니다. 조선 시대는 전기와 달리 후기부터 남성 중심 문화가 더욱 강화되어 여성을 차별하는 악습이 심해졌습니다.

역설적이게도 이런 악습은 주로 양반층에서 더 많이 행해졌습니다. 그나마 평민 여성들은 외출이 가능했지만, 정조를 지켜야 하는 양반가 여성들은 외출을 더욱 엄격하게 통제받아 친정을 방문하기도 어려웠습니다. '출가외인'이라는 말이 자연스레 나올 수밖에 없었습니다.

그러나 이러한 말은 여성의 본가와 더 가까이 살기도 하는 지금 시대에는 맞지 않고, 혼인한 여성을 뭉뚱그려 차별하는 말이므로 쓰지 말아야 합니다. 물론 '출가외인'에 담긴 지독한 여성 차별의 역사를 의식하지 않고, 그냥 습관적으로 쓰는 경우도 많을 것입니다. 그러나 무의식적인 차별을 심화하는 이러한 관습은 더욱 경계해야 합니다.

요즘도 명절증후군이라는 말이 있듯이 명절마다 남성 중심의 제례 문화 때문에 고통스러워하는 여성이 많습니다. 이 또한 '출가외인'을 차별해 온 잘못된 유물입니다.

○ 출가외인 대신 결혼한 딸

+ 결혼한 딸들은 명절에 오빠나 남동생을 만날 기회가 없다. 사위나 며느리가 끼지 않고 명절에 식구들끼리 모이면 고통받는 사람은 줄어들고 행복감은 더 커질 수 있다.

✕ ○○충

'설명충'은 대상의 특징 뒤에 벌레를 뜻하는 '충蟲'을 접미사처럼 붙인 표현 중 하나입니다. 나이와 상관없이 설명을 길게 하거나 지루하게 하는 사람들을 가리키는 인터넷 유행어입니다. 심지어는 학교에서 발표를 맡은 친구들한테까지 놀림조로 마구잡이로 쓰다 보니 아이들에게도 깊은 상처를 남겨 문제가 되고 있습니다.

이러한 혐오 표현은 친절하고 자세하게 설명해 주려는 사람에게 상처를 주어 그 사람을 위축되게 만듭니다. 그러다 보면 결국 서로 소통하고 이해하며, 나아가서 나누려는 마음까지 방해를 받게 됩니다.

'틀딱충'은 어르신들을 비하하며 경멸하는 표현입니다. 어르신들이 '틀니'를 많이 사용하다 보니, 틀니가 부딪치며 딱딱거린다는 '틀딱-'에 '-충'을 붙여 특정 계층을 혐오하는 표현을 만든 것입니다.

'맘충'은 엄마들이 모인 인터넷 카페에서 이기적인 엄마를 가리키는 말로 쓰입니다. '민폐맘'이나 '진상맘'이라고도 하는데, 이런 용어도 기본적으로는 차별 의식이 담겨 있어 대안어가 될 수 없습니다. 이기적이냐 아니냐의 기준을 정하는 문제도 쉽지 않지만, 설령 이기적이라 하더라도 혐오스러운 '-충'을 붙이는 순간부터 객관적인 비판 차원을 넘어 비난과 비아냥이 되어 버립니다. 이왕 새로운 말을 만들려면 어감도 좋고 내용도 좋은 예쁜 말을 만드는 게 낫지 않을까요.

○ 설명충, 틀딱충, 맘충 대신 지루하게 설명하는 사람, 어르신, 이기적인 엄마

+ 설명을 너무 많이 해서 지루해. 좀 더 간결하게 설명해 주면 좋겠어.

× 코쟁이

'코쟁이'는 서양 사람들의 코가 크다고 놀리는 말입니다. 어원은 '코'에 낮춤말 '-쟁이'를 합친 것으로, 서양인이 동양인보다 코가 크고 높아 그만큼 눈에 잘 띄어서 생겨났습니다. 주로 한국인이 백인을 얕잡아 보는 별칭으로 쓰여 왔습니다. 서양 사람의 외모가 지닌 특징에 빗대어 낮춤말을 붙여 쓴다면 이 또한 인종차별입니다. 딱히 인종차별을 하려는 의도는 아니지만, 보통 코가 낮은 동양인들끼리 코가 큰 사람을 놀릴 때 사용하기도 합니다.

○ 코쟁이 대신 서양인, 서양 사람

+ 서양인들은 영화를 참 재밌게 만들어. 그렇지 않아?

✕ 트롤

'트롤trawl'은 바다 밑바닥으로 끌고 다니면서 깊은 바닷속의 물고기를 잡는 그물을 가리킵니다. 또 '트롤troll'은 북유럽 전설들에 등장하는 인간과 비슷한 거인, 괴물, 요정 등을 가리키기도 합니다.

인터넷에서 '트롤'은 진행되는 논의를 혼란스럽게 만들어 집단의 생산성을 저하시키는 사람이라는 의미로 사용되고 있습니다. 특히 온라인 게임에서 "아! 완전 트롤이네", "트롤 짓하네"와 같이 게임을 못하는 사람을 낮잡아 이르는 말로 자주 쓰입니다.

'트롤 짓'은 그저 게임을 못하는 차원이 아닙니다. 팀플레이가 중요한 게임에서 악의적인 장난을 치거나 일부러 엉뚱한 실수를 하여 다른 팀원들에게 피해를 주는 행위를 말합니다. 요즘은 고의성과 관계없이 원활한 게임 플레이에 방해가 되는 모든 행위를 '트롤 짓'이라고도 합니다.

아무튼 고의가 없는 게임 초보자들이나 게임에 서툰 사람들에게까지 이러한 표현을 쓰면서 배척한다면 차별과 매한가지입니다. 게임, 곧 놀이는 서로 평등한 관계일 때 신바람이 납니다.

○ 트롤 대신 게임을 못하는 사람, 게임에 서툰 사람
+ 게임에 서툰 친구가 우리 팀에 있어서 이기기 힘들겠네.

× 트페미

'트페미'는 '트위터 페미니스트'의 준말로, 트위터에서 활동하는 급진적 페미니스트를 뜻합니다. 그 속뜻에는 말만 할 뿐 진짜 페미니즘과는 거리가 멀다는 경멸이 섞여 있습니다. 트페미라고 판단하는 객관적 기준은 따로 없습니다. 페미니즘 관련 트윗을 여러 번 리트윗한 적이 있다는 이유만 가지고도 트페미로 낙인찍힐 수 있기 때문입니다. 트위터에서 활동하는 모든 페미니스트를 '트페미'라는 새말로 싸잡아 비난한다면 명백한 차별입니다.

○ 트페미 대신 <u>트위터에서 활동하는 페미니스트</u>

+ 여성 범죄자 신상 공개에 트위터에서 활동하는 페미니스트들이 분노했다.

'핫바지'에는 솜을 두어 지은 바지라는 일차적 뜻이 있습니다. 하지만 일상생활에서 솜바지라는 뜻의 '핫바지'는 거의 사용되지 않습니다. 대신 시골 사람이나 무식하고 어리석은 사람을 낮잡아 이르는 말로 더 자주 쓰입니다.

'핫바지'는 옛말 '핫바디'에서 비롯했습니다. 17세기 문헌에서 나타나기 시작한 '핫바디'는 솜을 두었다는 뜻의 '핫'과 바지를 뜻하는 '바디'가 결합한 말입니다. 중세국어까지 '핫'은 '핟'으로 나타나는데, 근대국어로 넘어와서 음절말 'ㄷ'을 'ㅅ'으로 표기하는 경향으로 '핫'으로 변화했습니다. '핫바디'는 구개음화 현상을 한 번 더 거쳐 '핫바지'가 되었고, 19세기 문헌에 나타난 이후로 지금까지 이어집니다.

그런데 "대체 나를 핫바지로 알아도 분수가 있지!"처럼, 어떤 까닭으로 '핫바지'에 특정한 사람을 낮잡는 뜻이 더해졌는지는 정확히 밝혀진 바가 없습니다. 다만 두루뭉술하고 평

퍼짐한 모양새의 핫바지가 볼품없고 쉬워 보이는 탓에 순진하고 어수룩한 시골 사람, 만만하게 이용해 먹기 좋을 만큼 어리석은 사람을 얕잡아 부르는 말로 쓰이게 되었다는 설이 지배적입니다. 어쨌든 핫바지라는 말을 듣고 기분 나쁘지 않은 사람은 없을 것입니다. 말은 감정이 되고 감정은 사람을 행동하게 만드는 동기가 됩니다.

○ 핫바지 대신 지방 사람, 만만한 사람, 어리석은 사람

+ 시골에서 올라왔다고 어리석은 사람으로 취급하다니 도대체 나를 어떻게 보는 거야?

× 호모

‘호모’는 표준국어대사전에 “‘동성애자’를 달리 이르는 말”로 풀이되어 있습니다. ‘호모homo’는 그리스어에서 사용되던 접두어로 ‘닮았다’는 뜻을 가지고 있습니다. 현재까지도 유럽 계열의 언어군에서 ‘homo-’로 시작되는 낱말은 ‘같은’이라는 뜻을 포함하는 경우가 많습니다. 이 낱말은 동성애자를 뜻하는 ‘homosexual’의 줄임말로 사용되기도 하지만, 동성애자 인권 운동 이후에 남성 동성애자는 ‘게이gay’, 여성 동성애자는 ‘레즈비언lesbian’이라는 낱말로 대체됐습니다.

○ 호모 대신 게이, 레즈비언

+ 여자인 네가 여자 친구를 사귀어 본 적이 있으면 레즈비언인 거야?

1장 아예 쓰지 말거나 당장 바꿔야 할 노골적 차별어

╳ 흑형

'흑형'은 '흑인 형'의 줄임말로, 흑인이 운동도 잘하고 음악적 재능도 뛰어나다는 의미를 담은 새말입니다. 친근감 혹은 칭찬의 의미가 내포되어 있는데, 왜 문제가 되느냐고 할 수 있습니다. 그러나 그 말을 듣는 입장에서 불편하다면 그것은 차별입니다. 아무리 흑인들의 신체 능력이나 리듬감을 치켜세우며 '흑형'이라고 불러도, 피부색을 강조하는 인종차별적 요소가 깔려 있기 때문입니다. 실제 흑인들은 '흑형' 하고 부르는 억양이나 어감에 강한 불쾌감을 드러냅니다.

○ 흑형 대신 흑인, 아프리카계 ○○○

＋ 흑인들은 대체로 키가 커서 활동적인 운동을 하기에 유리할 것 같아.

× 히키코모리

'히키코모리'는 사회적인 교류나 활동을 거부한 채 집 안에만 있는 사람들을 가리킵니다. 정신적인 문제이거나 사회생활에서 받는 스트레스가 원인인 경우가 많습니다. 일본에서 버블 경제가 붕괴되고 장기적인 경제 불황이 시작된 1990년대부터 이들은 본격적인 사회문제로 대두했습니다. 우리말로 옮기자면 '은둔형 외톨이'라고 할 수 있습니다.

'히키코모리引き籠もり'는 '틀어박히다, 죽치다'라는 뜻의 일본어 동사 '히키코모루引き籠もる'의 명사형입니다. 이 개념은 2003년에 정신건강의학과 의사 사이토 다마키齋藤環가 처음으로 일본 언론에 소개했습니다. 2005년에는 우리나라에도 사이토의 관련 책이 번역됐습니다. '히키코모리'를 질병이나 장애보다는 다양한 심리적·사회적·문화적 요인에서 기인한 상태로 바라봅니다. 2008년 1월, 사전의 표제어로는 일본 출판사 이와나미 쇼텐에서 간행하는 일본어 사전 《고지엔広辞苑》 제

1장 아예 쓰지 말거나 당장 바꿔야 할 노골적 차별어

6판에 최초로 수록되기에 이르렀습니다.

원래는 사회적으로 고립된 상태로 집에서 나오지 않는 은둔자들을 가리켰습니다. 지금은 이 용어가 더욱 성행하면서 집에 있기 좋아하는 사람들이나 게임을 많이 하는 사람들에게도 "너 히키코모리야?" 하는 식으로 놀리는 일이 많아졌습니다.

◯ 히키코모리 대신 방콕족

➕ 고등학교 때부터 무려 6년 동안 방 안에 틀어박혀 밖으로 나오지 않는 방콕족 생활을 하기도 했다.

비대칭 차별어

2장 구별과 차별을 구분해야 할

비대칭 차별어는 표현 자체로는 차별의 의미가 담겨 있지 않지만, 다른 어휘와 관계 지어 보면 차별어로 작동합니다. 대체로 여성 관련 어휘에 집중되어 있는데, '남성 간호사'와 같이 드물게 남성 관련 어휘도 있습니다. 대체로 '신랑 신부'처럼 남성을 앞세우는 경우가 많습니다. '친가, 외가'처럼 어느 한쪽에 우월한 가치를 부여하는 경우도 있고, 한 성별로 전체를 대표하는 경우도 비대칭 차별어에 해당합니다.

　같은 차별어라 할지라도 비대칭 차별어들은 그 말을 쓰지 않거나 다른 말로 바꾸기가 어려울 수 있습니다. 이를테면 '편부, 편모'는 안 쓰고 '한부모' 같은 대안어로 금방 바꿔 쓸 수 있지만 '남녀', '신랑 신부' 등은 대안을 찾기가 힘듭니다. '여남', '신부 신랑'으로 바꿔 쓴다고 대안이 되지 않기 때문입니다. 또한 '여대생'처럼 '여자 대학생'을 분명히 가리켜야 하는 경우에는 더더욱 무조건 쓰지 말자고 하기 어렵습니다.

'여자고등학교'의 줄임말인 '여고'와 관련한 설문 조사를 실시한 적이 있습니다. 그때 '여고'라는 명칭을 쓰는 문제를 두고, 50명 가운데 40명이 "남학생만 다니는 학교를 '남고'라 부른다"를 선택했습니다. "그냥 고등학교라고 해도 아무 문제가 없다"가 8명으로, '남고'로 부르자는 쪽이 더 많았습니다(나머지 2명은 왜 굳이 '남고', '여고'를 구분해서 가르쳐야 하느냐며 "여고를 모두 공학으로 바꿔야 한다"라고 답했습니다). 각 학교 학생들의 성별을 구분하기 편하게 '여-'를 없애기보다 '남-'을 추가하는 쪽을 다수가 선택한 것 같습니다.

"그냥 고등학교라고 해도 아무 문제가 없다" 항목에서는 성 정체성을 굳이 드러낼 필요가 없다는 의견이 많았습니다. 남학생만 다니는 고등학교는 '남고'라고 따로 지칭하지 않으면서 '여고'만 굳이 그렇게 지칭한다면, '여고'를 남성 기본형에서 파생된 말이라고 인식하는 것입니다. '남고'를 '여고'와 똑같이 쓴다면 차별 문제가 줄어들겠지만, 실제로 그렇지 않으므로 차별어라고 판단합니다(차별어 논의를 학문적 담론으로 끌어올린 이정복 교수님). '여의사', '여경', '여군' 같은 많은 비대칭 성차별어들도 마찬가지로 '여성 차별어'라고 해야 할 정도입니다.

그렇다면 '남학생'은 어떨까요? 보통 구별어로 쓰이지만 다음과 같은 맥락에서는 '남학생'도 차별어가 됩니다.

"학급에 배부할 물건이 있으니 남학생 한 명만 내려보내 주세요."

정말 꼭 남학생이어야 한다는 말은 아닐 것입니다. 아마도 으레 생각하듯 '무거운 물건도 거뜬히 들 수 있는 힘센 친구'를 의미하는 차별어로 남학생을 운운했을 것입니다(이미혜 선생님).

그러나 이미 여고/남고, 여의사/남의사 등으로 차별적인 분류를 하고 있는 사회구조에서는 어떤 명칭이든 차별어가 될 가능성이 높습니다. 사회적으로 남녀 평등, 여남 평등이 이루어졌다면 '부모'라고 하든, '모부'라고 하든 별문제가 되지 않을 것입니다('부모'까지 차별어로 보는 것은 과도한 분류라는 의견도 있지만, 가부장 이데올로기가 아직도 뿌리 깊은 한국 사회에서 '부모'는 비대칭 차별어로 분류될 수밖에 없다고 생각합니다).

· 가족, 이웃 관련 차별어	1남 2녀, 미혼모, 바깥사돈·안사돈, 부모, 시댁·처가, 시아버지·시어머니, 아들딸, 외가·친가, 외할머니·외할아버지, 친할머니·친할아버지, 편모·편부
· 여성, 성소수자 관련 차별어	남녀, 남혐·여혐, 내조·외조, 녹색어머니회, 동성연애자, 미혼 여성, 부자유친, 섹시, 신데렐라, 여중생·여고생·여대생, 영계, 자매결연, 쭉쭉빵빵, 청일점·홍일점, 학부형, 한남·한녀, 형제애
· 직업, 노동 관련 차별어	남자 간호사, 남자 리듬체조 선수, 남자 미용사, 남자 승무원, 남자 전업주부, 여경·여군·여전사, 여교사·여기자·여배우·여의사·여직원·여행원

✕ 1남 2녀

성별이 다른 자녀가 둘 이상일 때 보통 '○남 ○녀'를 두었다고 말합니다. 남성을 여성보다 앞에 배치하는 비대칭 표현입니다. 남성 중심의 전통 사회에서 형제자매 수를 가리키던 관습적 차별이기도 합니다. 이러한 일상 속 표현까지 성차별적이라고 바라봐야 하느냐고 반문하곤 합니다. 하지만 호명 순서에서 철저히 아들을 중시하는 차별 의식을 드러냅니다. 특정한 성(아들)을 표준으로 삼아 앞선 순서로, 나머지 한 성(딸)을 보조적으로 뒤에 두어 호명하기 때문입니다.

○ 1남 2녀 대신 태어난 순으로 호명하기

+ 저는 큰딸이 있고 그 밑에 동생은 아들, 막내는 딸입니다.

✕ 남녀

표준국어대사전에는 '남녀'를 "남자와 여자를 아울러 이르는 말"이라고 풀이합니다. 하지만 '아울러'라는 표현을 쓰기에는 남성을 우선시하는 어순이 신경 쓰입니다.

'1남 2녀', '자녀', '신랑 신부', '장인 장모', '선남선녀' 등이 다 남성 우선주의 어순으로 늘 써 오던 말들입니다. '신사 숙녀 (264쪽 참고)'도 마찬가지입니다. 영어 'Ladies and gentlemen'을 번역한 말이지만, 영어에서 여성을 앞세운다면 우리나라에서는 남성을 앞세웠습니다.

또 일상적으로는 '남녀'가 쓰이지만, 욕을 할 때는 '연놈'이라고 여성을 앞세웁니다. 이것만 보아도 '남녀'가 비대칭 차별어임이 분명하게 드러납니다. 어쩔 수 없이 써야 한다고 하지만, 상황과 맥락에 따라 '사람', '혼성', '연인' 등으로 표현하면 별문제가 없습니다.

그렇다고 이러한 남성 위주의 표현이 남자에게 유리하지

도 않습니다. 남성을 앞세우고 중시하며 '씩씩한', '용감한', '늠름한', '점잖은', '과묵한' 등의 표현들로 남자다움(?)의 고정관념을 강요합니다. 이 또한 결국 남성을 차별하는 맥락일 수 있습니다.

○ 남녀 대신 사람, 혼성, 연인 등
+ 한 쌍의 연인이 다정히 손을 잡고 걷는다.

✕ 남자 간호사

간호 업무의 영역은 꽤 넓고 다양합니다. 그래서 사실 여성들만 간호사로 일해야 한다는 편견 자체가 성립하기 어렵습니다. 의사라는 직업에 성별의 구분이 필요 없는 것처럼 간호사라는 직업도 그러합니다.

그동안 간호사 하면 '백의의 천사(흰옷을 입은 여성 간호사)'를 떠올리는 오랜 고정관념이 있었습니다. 그 탓으로 남성들은 간호사가 되기를 꺼려 왔고, 지금도 여성 간호사들보다 남성 간호사 수가 현저히 적습니다. 그래서인지 간호사가 남성이면 꼭 '간호사' 앞에 '남자'라고 성별을 드러냅니다.

남자 간호사라고 하면 상대적으로 신체적 힘이 필요한 부서에서 일해야 한다는 것도 고정관념입니다. 여성 간호사라고 해서 모두 섬세하고 꼼꼼하지는 않듯이 반대로 남성 간호사라고 꼭 힘이 세지 않습니다.

간호사는 전문 직종으로, 남자냐 여자냐 하는 시선보다

의료인의 한 사람으로 바라봐야 합니다. 한국 사회에서 '남자 간호사', '여교수' 등 차별의 꼬리표가 없어지는 날에야 온전한 성별 평등이 이루어질 수 있습니다. 남성이든 여성이든 개인의 성향과 역량으로 판단해야 할 것입니다.

○ 남자 간호사 대신 간호사

\+ 간호사 전망이 어떤가요?

╳ 남자 리듬체조 선수

아름다운 리듬체조는 줄, 후프, 공, 곤봉, 리본 등을 이용하는 종목입니다. 우아한 신체 동작과 리듬을 구사해야 하는 만큼 전형적인 여성 운동으로 여겨졌습니다. 다만 정식 종목으로 채택되지 않았을 뿐, 남자 리듬체조도 있습니다. 스페인과 프랑스 등 유럽 국가에는 리듬체조 선수로 활동하는 남성이 드물지 않습니다. 그러나 역시 리듬체조 선수 하면 여성이 대부분이라 남성이 리듬체조를 하면 꼭 성별을 밝히려 합니다. '남자 리듬체조 선수'가 아니라 그냥 '리듬체조 선수'입니다.

○ 남자 리듬체조 선수 대신 리듬체조 선수

✛ 발목 부상으로 리듬체조 선수가 되겠다던 그 남자의 꿈이 날아갔다.

✕ 남자 미용사

요즘은 미용 산업이 나날이 성장하고 있습니다. 그만큼 미용 자격증을 따려는 사람들도 많습니다. 사람의 머리나 피부 등을 아름답게 매만지는 일을 하는 사람을 '미용사'라고 합니다. 그런데 미용 분야에서 또한 성별 고정관념이 강합니다. 남성 미용사가 상당히 늘어났지만, 아직도 미용사 하면 여성 미용사를 먼저 떠올리는 경우가 많습니다. 아름다움을 추구하는 마음에는 남자, 여자 구별이 없습니다. 다양한 아름다움만 있을 뿐입니다.

○ 남자 미용사 대신 미용사

+ 미용사가 능숙한 가위질로 손님의 머리를 자르고 있다.

× 남자 승무원

2022년, 대한항공이 성별에 따라 '스튜어드(남성 승무원)', '스튜어디스(여성 승무원)'로 구분하던 승무원 명칭을 '플라이트 어텐던트FA, Flight Attendant'로 통합했습니다.

한때는 스튜어디스를 하늘의 꽃이라고 부르면서 여성 승무원을 높이는 듯했습니다. 하지만 기장은 남성, 승무원은 젊고 예쁜 여성이라는 성별 고정관념을 강화하는 데도 한몫했습니다. 1996년 무렵, 몽골과 러시아에 갔을 때 연세가 지긋한 여성 승무원을 많이 보았습니다. 그동안 승무원을 바라보는 우리의 고정관념이 얼마나 잘못됐는지 알았습니다.

해외에서는 한국보다 앞서 승무원 명칭을 바꿨습니다. 미국 등 일부 항공사를 시작으로 남성과 여성을 구분하지 않는 FA를 사용했고, 이는 국제적으로 퍼졌습니다. 일본은 FA 대신 객실을 뜻하는 영어 'Cabin'에 'Attendant'를 합친 CACabin Attendant라는 명칭을 지금까지 사용하고 있습니다.

그러나 해외의 명칭을 받아들인 '플라이트 어텐던트'는 발음하기조차 어렵습니다. 우리나라에는 '승무원'이라는 익숙하고 편안한 명칭이 있습니다. 남성이든 여성이든 '승무원'이라 부르고, 꼭 성별을 밝힐 필요가 있을 때만 '남성 승무원', '여성 승무원'으로 구별해 주면 됩니다.

예를 들어 비행하는 동안 환자가 발생해 신체적인 접촉을 해야 한다면 이왕이면 남성은 '남성 승무원'이, 여성은 '여성 승무원'이 맡으면 더욱 무리가 없겠지요?

○ 남자 승무원 대신 승무원

+ 비행기를 탔더니 승무원이 식사를 정성스럽게 내주었다.

✕ 남자 전업주부

아이 기르기와 집안일을 전담하는 남성들이 점점 빠르게 늘고 있습니다. 통계청 국가통계누리집KOSIS에 따르면, 2023년 1월 기준으로, 육아하느라 경제활동을 하지 않는 남성은 1만 7,000명이었습니다. 일 년 전 1만 4,000명보다 3,000명이나 늘어난 수치입니다.

　과거에는 남성이 전업으로 아이를 키우고 집안일을 도맡는 일은 거의 볼 수 없었습니다. 하지만 요즘에는 아내가 전문직이거나 소득이 높을 경우, 또는 남편이 육아와 가사에 더 소질을 보일 경우에 '전업주부'로 나서는 일이 많아졌습니다. 아이 기르기와 집안일에 대한 성별 고정관념이 깨지면서, 그동안 여성이 주로 전담해 온 일이 얼마나 고되고 소중한지를 알게 되었습니다.

　아이 키우기와 집안일은 일반 직장만큼 노동 강도가 높습니다. 성차별은 어쩌면 가사 노동의 가치를 진정으로 존중받아야 사라질지도 모르겠습니다. 그때가 되면 주로 여성을 떠올리게 되는 '전업주부'라는 말이 남성에게 쓰여도 자연스러워지겠지요. '가사 노동자'는 집안일을 노동으로 바라보고 그 가치를 인정하는 표현입니다.

○ 남자 전업주부 대신 가사 노동자

+ 세 아이를 키우는 가사 노동자가 보육의 어려움을 전하며 유치원의 공립화를 건의했다.

× 남혐, 여혐

'남혐'은 '남성 혐오'를, '여혐'은 '여성 혐오'를 줄여 이르는 말입니다. '남성 혐오misandry'는 남성에 대한 혐오, 멸시, 확고하고 뿌리 깊은 편견으로 남성을 폄하하며 병적으로 싫어하고 미워하는 것을 말합니다. 이 표현은 먼저 생겨난 '여성 혐오'의 대칭어로 19세기에 만들어졌습니다. 남성에 대한 부정적 시선과 비하를 비롯해 성차별, (성)폭력, 성적 대상화, 증오심 선동 등까지 폭넓게 아우릅니다.

'여성 혐오misogyny'도 마찬가지로 여성에 대한 혐오, 멸시, 확고하고 뿌리 깊은 편견으로 여성을 폄하하며 병적으로 싫어하고 미워하는 것을 말합니다. 여성에 대한 부정적 시선과 비하를 비롯해 성차별, (성)폭력, 성적 대상화, 증오심 선동 등까지 모두 아우릅니다.

'남혐'과 '여혐'은 서로에 대한 증오와 폭력성을 강하게 포함하고 있는 대표적 혐오 표현입니다(또한 misandry, misogyny를

'혐오'라는 낱말로 단순히 번역하기에는 그 의미폭이 넓습니다). 많은 '○○ 혐오'와 마찬가지로, '남혐'이든 '여혐'이든 증오와 차별을 선동하고 조장합니다. 그 결과, 모든 남성 또는 여성에 대해 그릇된 인식을 갖게 하므로 사용하지 말아야겠습니다.

○ 남혐, 여혐 대신 맥락에 따라 적절한 중립적 표현으로 바꾸기

╋ 최근 성별 간 갈등이 갈수록 기승을 부리다 보니 젊은 층에서는 여자든 남자든 결혼하면 손해라는 인식이 뿌리를 내리고 있다.

× 내조, 외조

'내조內助', '외조外助' 자체가 성차별을 담고 있지는 않지만, 여성은 집에서 집안일만 한다는 인식을 심는 '집사람', '안사람', '안식구' 등의 차별어에 기반한 표현입니다. '내조'는 '아내의 도움', '외조'는 '남편의 도움'이면 족합니다. '내조'는 응당 집안일은 여성, 바깥일은 남성이 해야 한다는 관습이 우세했던 때, '아내가 집안일을 잘 다스려 남편을 돕는다'라는 의미로 생겨났습니다. 돕는 일은 아름답지만, 성 역할을 잘못된 이분법으로 바라보는 시선이 전제된 낱말이므로 바꿔 가야겠습니다.

○ 내조, 외조 대신 아내의 도움, 남편의 도움

＋ 요즘은 맞벌이하는 부부가 많아 아내의 도움과 남편의 도움이 모두 중요하다.

'녹색어머니회'는 어린이 등하굣길의 교통안전교육과 교통안전봉사에 참여하는 학부모들로 구성된 경찰청 소속의 단체입니다.

그런데 왜 '어머니'회일까요? 예전에는 엄마가 자녀의 학교생활을 뒷받침했기에 실제로 거의 엄마만 어린이 교통 봉사에 참여했습니다. 그러했던 현실을 반영한 이름이지만, 그 이름이 엄마와 같이 살고 있지 않은 아이들에게는 상처가 될 수 있습니다. 더군다나 집안일을 엄마, 아빠 가리지 않고 하는, 아니 해야 하는 세상에서 아직도 엄마만 교통 봉사를 해야 할 듯한 이름이라니요.

요즘에는 아빠들도 교통 봉사에 참여하는 경우가 적지 않으므로 '녹색학부모회'가 적절합니다. 더 나아가, 맞벌이 가정이나 조손 가정에서는 할머니, 할아버지가 부모 대신 교통 봉사에 나서기도 합니다. 요즘 가족의 형태가 다양해진 만큼 꼭 부모만 교통 봉사를 하지는 않습니다. 교통 봉사에 참여하는 어른들이 모두 아이들의 보호자이니 '녹색보호자회'라고 불러도 좋겠습니다.

○ 녹색어머니회 대신 녹색학부모회, 녹색보호자회

+ 녹색보호자회는 어린이보호구역 교통사고 예방뿐 아니라 이면도로 범죄 차단과 노인 실종 예방 등에도 적극적으로 참여했다.

✕ 동성연애자

동성 간의 사랑을 하는 사람만 굳이 '동성연애자'라고 가리킵니다('동성애자'와 혼동하는 경우가 많은데 구별해야 합니다). 이성애자라고 해서 다 연애를 하는 것이 아니듯, 동성애자도 다 연애를 하는 것은 아닙니다. 이성 간의 연애를 일반적인 것으로 상정하고, 동성 간의 연애는 특이한 것으로 여기는 풍토가 반영되어 있습니다. '연애를 하는 사람', '동성과 연애하는 사람' 등으로 표현하면 족합니다. 연애 방식의 특성을 드러내는 차원에서는 쓸 수 있습니다.

○ 동성연애자 대신 (동성과) 연애를 하는 사람
＋ 신입사원 환영회에서 경식이는 자신이 동성과 연애를 하고 있다고 밝혔다.

✕ 미혼 여성

'미혼未婚'은 아직 결혼하지 않았다는 뜻입니다. 아직 결혼하지 않은 사람을 가리키기도 합니다. 결혼은 해야 한다는 우리 사회의 뿌리 깊은 고정관념이 배어 있는 말입니다. 그 때문에 이 말에서 완전히 자유로울 수 있는 여성은 그렇게 많지 않을 것입니다. 특히 명절 때면 결혼 안 한 여성들은 "언제 결혼할 거냐?", "결혼 계획은 있냐?"라는 잔소리를 한바탕 폭풍우처럼 겪기도 합니다.

언제부터인가 '비혼非婚'이 '미혼'과 함께 쓰이기 시작했습니다. 주로 '미혼'은 언젠가는 결혼하겠지만 아직은 결혼하지 않았다는 의미로, '비혼'은 지금도 앞으로도 적극적으로 결혼을 하지 않고 독신으로 살겠다는 의미로 쓰이고 있습니다. 실제로 결혼하지 않은 사람들 중에는 미혼도 있고 비혼도 있을 것입니다.

다만 우리는 결혼하지 않은 사람이 왜 결혼을 하지 않았는지 그 의도까지는 알 수 없습니다. 그러니 결혼 안 한 사람까지 결혼 못 한 사람으로 취급하지는 말아야겠지요. 결혼을 강요하는 듯한 '미혼'보다는, 결혼을 할지 말지는 개인의 선택으로 존중하는 '비혼'이라는 말을 쓰면 더 좋겠습니다.

○ 미혼 여성 대신 비혼 여성

＋ 비혼 여성들이 제일 싫어하는 것이 명절이다. 왜냐하면 명절 때만 되면 어른들이 결혼 못 한 죄인으로 취급하기 때문이다.

× 미혼모

우리는 흔히 결혼을 하지 않고 아이를 낳은 여성을 '미혼모'라고 부릅니다. '미혼'이라는 말과 같은 맥락에서 놓고 보면 이말도 분명 차별어입니다. 결혼을 하고 아이를 낳으면 정상이고, 그렇지 않으면 비정상이라는 인식이 깔려 있습니다. 또한 아기를 낳은 것은 엄마, 아빠 양쪽의 책임인데, 결혼을 하지 않고 아기를 낳으면 마치 여성에게만 책임이 있는 듯 몰아가니 더욱 문제가 됩니다. '미혼'을 '비혼'으로 바꾸었듯이 '비혼모'로 바꿔야 합니다.

○ 미혼모 대신 비혼모

+ 예전에 비해 20대 비혼모들이 늘어나고 있다고 들었어.

2장 구별과 차별을 구분해야 할 비대칭 차별어

× 바깥사돈, 안사돈

'바깥사돈'은 딸의 시아버지나 며느리의 친정아버지를 양쪽 사돈집에서 서로 이르거나 부르는 말로, '밭사돈'이라고도 합니다. '안사돈'은 딸의 시어머니나 며느리의 친정어머니를 양쪽 사돈집에서 서로 이르거나 부르는 말로, '사돈댁'이라고도 합니다. 남자와 여자의 성 역할에 대한 고정관념이 반영되어 있는 표현입니다. 굳이 '바깥'과 '안'을 나누기보다 '사돈어른'이라 하면 충분합니다.

○ 바깥사돈, 안사돈 대신 <u>사돈어른</u>

╋ 사돈어른 어서 오세요. 혼자 오셨네요.

✕ 부모

'부모'는 아버지와 어머니를 아울러 이르는 말입니다. '부모'와 같은 표현은 언중들 사이에서 관습으로 굳어진 말이지만, 아버지를 가리키는 '부'를 먼저 오게 하는 것은 '모'에 대한 명백한 차별입니다.

'부모'의 대안어가 없다면 그대로 쓸 수밖에 없지만, 우리에게는 '양친兩親' 또는 '어버이'라는 대안어가 있습니다. '양친'은 부친과 모친을 아울러 이르는 말로, '부모'처럼 성별의 위계를 드러내지 않습니다. '어버이'는 어원으로 보면 '아버지, 어머니'에서 유래한 말이지만, 그러한 의식이 크게 남아 있지 않아 대안어로 쓸 수 있습니다.

'부모'에는 가부장 이데올로기가 반영되어 있어 남성, 여성 모두에게 이롭지 않습니다. 가부장 이데올로기는 남성에게 가정의 책임자로서 절대 권력을 부여하는 대신, 자기 힘으로 가족을 온전히 책임져야 한다는 의무감으로 남성을 옥죄기도 합니다.

이러한 가부장 이데올로기는 뿌리 깊은 관습으로 작동해 쉽게 바뀌지 않으므로, 좀 더 섬세한 언어 감수성으로 사소한 말부터 하나하나 바꿔 갈 필요가 있습니다. 물론 '부모'가 사소한 말이라는 의미는 아닙니다. 일상생활에서 무심코 자주 쓰는 말들부터 누군가를 차별하고 있지 않은지 세심하게 살펴야 한다는 뜻입니다.

◌ 부모보다 <u>양친, 어버이</u>

＋ 아이의 올바른 성장을 위해 양친의 관심이 무엇보다 중요하다.

'부자유친父子有親'은 오륜五倫의 한 조목입니다. 오륜은 기본적인 사람 관계를 부자父子, 군신君臣, 부부夫婦, 장유長幼, 붕우朋友 등 다섯 관계로 규정하고 각각의 도덕 규범을 제시한 유교의 기본 윤리입니다.

그중 '부자유친'은 '부모와 자녀'는 서로 친親해야 한다는 윤리 규범입니다. 여기서 '친함'이란 부모와 자녀의 끊을 수 없는 관계의 토대가 되어 주는 천성적 사랑을 말합니다. 구체적으로는 '부모는 자녀를 사랑하고, 자녀는 부모에게 효도를 다하는 것'을 의미합니다.

그런데 문제는 '아버지 부父'와 '아들 자子'를 써서 아버지를 부모의 대표 격으로, 아들을 자녀의 대표 격으로 표현했다는 것입니다. 무엇보다 '부자유친'과 같은 사자성어들은 고사성어라는 이름으로 관습적으로 유통되다 보니 고리타분하게 느끼고 그 진정한 의미를 놓치게 되는 경우가 많습니다.

‘부자유친’을 상투적으로 강요하기보다 ‘양친은 자녀를 사랑하고 자녀는 양친에게 효도를 다한다’와 같이 그 의미를 쉽게 풀어 주면 좋습니다.

○ 부자유친 대신 양친은 자녀를 사랑하고 자녀는 양친에게 효도를 다한다

＋ 우리 집에서는 양친은 자녀를 사랑하고 자녀는 양친에게 효도를 다하고 있어.

× 섹시

'섹시'는 외모나 언행에 성적 매력이 있다는 말입니다. 여성을 성적 대상으로 여길 때 섹시하다는 표현을 많이 씁니다. 간혹 남성한테도 쓰지만, 여성에게 쓰는 경우가 훨씬 많습니다. 공공 매체에서 보이는 "풍만한 볼륨", "매끈한 라인", "아찔한 섹시미" 등이 그 예입니다. 굳이 이 표현을 쓰지 않아도 그 의미를 충분히 전달할 수 있는 말이 있습니다. '매력'입니다. '섹시하다'고 하지 않아도, 다른 사람들의 마음을 사로잡는 힘을 '매력'이라는 표현에 담으면 됩니다.

○ 섹시 대신 매력

＋ 아이돌이 매력적인 무대의상으로 팬들의 주목을 받았다.

2장 구별과 차별을 구분해야 할 비대칭 차별어

✕ 시댁, 처가

'시댁'은 남편의 부모가 사는 집이나 남편의 집안을 가리키고, '처가'는 아내의 본가를 가리킵니다. 그런데 시댁의 '댁'은 남의 집이나 가정을 높여 이르는 말인 반면, 처가의 '가'에는 높이는 뜻이 없습니다. 남편의 집은 시'댁'으로 존칭하고, 부인의 집은 처'가'로 존칭하지 않으므로 다분히 성차별적입니다. '시댁', '처가'가 아니라 '남편의 본가', '아내의 본가'라고 하면 됩니다.

○ 시댁, 처가 대신 <u>남편의 본가, 아내의 본가</u>

✛ 그는 결혼 후 줄곧 남편의 본가에서 시부모님을 모시고 살았다.

× 시아버지, 시어머니

'시아버지', '시어머니'는 남편의 아버지와 어머니를 이르는 말입니다. 시아버지, 시어머니는 처가와 시가를 구분하고 시가를 높이는 관습에서 나온 호칭이므로 성차별적인 요소가 있습니다. "며느리 사랑은 시아버지"라는 말이 있듯이 며느리를 친딸처럼 생각하는 시아버지도 많고, 시아버지를 친아버지처럼 생각하는 며느리도 있습니다. 그렇다면 '시아버지', '시어머니'보다 '아버님', '어머님'이라고 부르면 더 친근하겠지요.

○ 시아버지, 시어머니 대신 <u>아버님, 어머님</u>
+ 아버님은 아들이 못하는 바를 당신이 해내려고 심신을 아끼지 않으셨다.

2장 구별과 차별을 구분해야 할 비대칭 차별어

'신데렐라'는 동화 속 여주인공이지만, 하루아침에 고귀한 신분이 되거나 유명해진 여자를 비유하는 말로 많이 쓰입니다. '신데렐라콤플렉스'도 있는데, 여성이 자기 인생을 단번에 화려하게 변모시켜 줄 남성을 기다리는 의존 심리를 말합니다. 하지만 결혼으로 사회적 지위를 높이고자 하는 일은 동서고금, 성별을 불문하고 지니는 환상입니다. 이를 여성에게만 국한된 현상으로 정의하는 것은 잘못입니다. 그 맥락에 따라 '일약 스타' 등 적절한 표현으로 바꿔 주는 것이 바람직합니다.

○ 신데렐라 대신 맥락에 따라 일약 스타 등 적절한 표현으로 바꾸기

\+ 그는 광고계의 일약 스타로 떠올랐다.

✕ 아들딸

'아들딸'은 아들과 딸을 아울러 이르는 말입니다. 낱말 구성 순서에서 남성형을 먼저 내세워 남성을 우선시하며 중요하게 표현하고 있습니다.

그렇다고 '딸아들'로 그 순서만 바꾸어 표현해도 어느 한쪽 성을 우선시하기는 매한가지여서 곤란합니다. 그렇다면 굳이 아이들의 성별을 구별해 드러내지 않는 '자식들'이라는 말이 가장 적합합니다.

'자식子息'도 아들과 딸을 함께 가리키는 말입니다. 자식의 '자子'가 흔히 '아들 자'로 쓰이지만, 여기서는 '사람 자'를 의미합니다. 아들딸처럼 딸보다 아들의 순위를 높이는 말은 아닙니다.

옛날에 "아들딸 구별 말고 둘만 낳아 잘 기르자"라고 국가가 내건 표어가 있었습니다. '아들딸'을 가치 중립적인 의미로 사용했지만, 이 말 자체에 아들을 선호하는 의식이 스며 있어서 어색하고 모순적으로 느껴집니다.

성별을 구분해야 할 때는 낱말로 고정된 어휘를 사용하기보다 '아들과 딸', '딸과 아들' 또는 '자식의 성별을 구분하지 않고' 등으로 적절하게 풀어 쓰면 됩니다.

○ 아들딸 대신 자식들

+ 선생님께서는 아이들을 자신의 자식들처럼 자상스레 돌봐 주셨다.

'여경'은 여자 경찰관, '여군'은 여자 군인, '여전사'는 여자 전사를 가리킵니다. 여성에게만 직업명에 불필요하게 성별을 드러내는 접두사 '여-'를 붙이는 것은 성차별입니다. 어쩔 수 없이 성별을 표시해야 할 때는 '남성 경찰관, 여성 경찰관' 등과 같이 수식어로 구분해 줍니다. 그런 경우가 아니라면 그냥 '경찰관', '군인', '전사'라고 하면 됩니다. 국방부도 군가나 사관학교 교가 등에 '아들', '사나이'와 같은 남성 위주의 표현을 모두 여성도 함께 아우르는 낱말로 바꾸기로 했습니다.

○ 여경, 여군, 여전사 대신 경찰관, 군인, 전사

＋ 그 여자는 소매치기로 몰려 경찰관에게 몸수색을 당했다.

✕ 여교사, 여기자, 여배우, 여의사, 여직원, 여행원

여교사, 여기자, 여배우, 여의사, 여직원, 여행원 등 '여-+직업명'이 많습니다. 보통 남성의 경우는 따로 '남' 자를 붙여 남교사, 남기자, 남배우(표준국어대사전에 실려 있긴 합니다), 남의사, 남직원, 남행원이라 하지 않습니다. 그러면서 여성에게는 꼭 '여' 자를 붙입니다. 바로 이러한 직업명이 그 직업에서 남성들을 주류로 전제하고, 여성들은 비주류로 여겨지게 합니다.

굳이 여성이라고 밝히지 않아도 될 상황에서 여성임을 강조한다면 어떨까요? 여성은 남성보다 그 직업과 업무에 적절하지 않다는 편견을 강화합니다. 당연히 그에 따라 여성을 차별하는 일도 공공연해지게 됩니다. 무엇보다 접두사 '여-'는 상대를 직업인으로 대하기 전에 여성으로 먼저 보게 만들어 큰 문제가 됩니다.

'여류 문학', '여류 시인', '여류 작가', '여류 기사' 등의 '여류女流'도 마찬가지입니다. 어떤 전문적인 일에 능숙한 여자를 의미하는 '여류' 역시 '남류男流'라는 대칭어가 없고, 접두사 '여–' 와 같은 역기능을 합니다. 여성이 문학을 하고 시를 짓고 글을 쓰고 바둑 기사로 활동해도 그저 '문학', '시인', '작가', '기사'입니다.

○ 여교사, 여기자, 여배우, 여의사, 여직원, 여행원 대신 교사, 기자, 배우, 의사, 직원, 은행원

+ 이번 전쟁 보도에는 그 기자의 역할이 컸다.

× 여중생, 여고생, 여대생

여자 중학생을 가리키는 '여중생'과 여자 고등학생을 가리키는 '여고생'은 국어사전에 실려 있고 또 자연스럽게 쓰입니다. 반면 '남중생'과 '남고생'은 국어사전에 실려 있지 않고 일반적으로 널리 쓰이는 편이 아닙니다. 여자 대학생을 가리키는 '여대생'도 마찬가지입니다. '여대생'은 국어사전에 실려 있고 역시 자연스럽게 쓰이지만, '남대생'은 국어사전에 실려 있지도 않을뿐더러 영 어색합니다.

그 이유는 '중학생', '고등학생', '대학생'을 남성 기본형으로 여기고 '여중생', '여고생', '여대생'을 파생시켰기 때문입니다. 우리 사회의 오랜 남성 중심 역사가 반영되어 여성에게 불리한 말입니다. 지금도 여전히 '남중생', '남고생', '남대생'보다 '여중생', '여고생', '여대생'이 자연스럽게 느껴집니다. 아직도 그런 역사가 제대로 청산되지 않았다는 반증이기도 합니다.

여자 중학생, 여자 고등학생, 여자 대학생도 그저 '중학생',

'고등학생', '대학생'이면 충분합니다. 그러한 맥락에서 '여자중학교'와 '여자고등학교'도 마찬가지입니다. 여학생만 다니는 학교임을 꼭 밝혀야 할 이유가 있을까요? 그렇지 않다면 굳이 성별 표기를 할 필요가 없습니다.

○ 여중생, 여고생, 여대생 대신 중학생, 고등학생, 대학생

＋ 내 여동생은 올해로 중학교를 졸업하고 고등학생이 되었다.

닭을 가리키는 '영계'라는 말을 사람에게 쓰면 차별어가 됩니다. 병아리보다 조금 큰 어린 닭, 곧 '약병아리'가 '영계'입니다. '부드럽다'라는 뜻의 '연-'이 붙은 '연계軟鷄'가 변한 말입니다. 표준국어대사전에서는 "비교적 나이가 어린 이성異性인 사람을 속되게 이르는 말"이라고 하여 여성과 남성 모두에게 해당하는 말로 풀이했으나, 주로 여성한테 쓰는 편입니다. 나이 어린 여성에게 쓰는 이러한 말에는 철저히 남성 중심의 성차별 문화가 짙게 반영되어 있을뿐더러 성희롱에 해당합니다.

○ 영계 대신 젊은 여자, 어린 여자, 성차별 상황에서 많이 쓰이므로 신중하게 가려 쓰기

＋ 식당에 갔더니 젊은 여자가 일을 돕더라구요.

× 외가, 친가

'친가'는 아버지의 일가, '외가'는 어머니의 일가라는 뜻입니다. 한자 뜻으로만 보면 친가親家에는 '친하다, 가깝다, 화목하다'는 의미가 있습니다. 반면 외가外家에는 '바깥, 겉, 남'이라는 뜻이 담겨 있습니다. 외가와 더 가깝게 지내도 '외가'라는 표현은 여전히 은연중에 친가보다 거리감을 두도록 조장합니다. 아버지 혈통을 더 중시했던 가부장 이데올로기가 내포되어 있습니다. '친가', '외가'가 아니라 '아버지의 본가', '어머니의 본가'와 같이 표현해야 합니다.

○ 외가, 친가 대신 <u>어머니의 본가, 아버지의 본가</u>

\+ 어머니의 본가 쪽은 번족하지만, 아버지의 본가 쪽은 아버지 한 분뿐이어서 고족하다.

× 외할머니, 외할아버지

'외할머니'는 어머니의 친정어머니를 이르거나 부르는 말이고, '외할아버지'는 어머니의 친정아버지를 이르거나 부르는 말입니다.

친할머니, 친할아버지, 친삼촌, 친손자와 같이 부계 혈족 관계는 '친할 친親' 자를 사용합니다. 반면 모계 혈족 관계는 외삼촌, 외손자와 같이 '바깥 외外' 자를 사용합니다. 이는 아빠 쪽은 가깝고 엄마 쪽은 멀다는 느낌을 불러일으킵니다.

여성가족부도 "친할머니, 외할머니처럼 친가와 외가를 구분하는 호칭으로 부르는 것은 남성(성씨) 중심의 사회에서 비롯된 바람직하지 않은 관습이다. 그러므로 사회 변화에 맞춰 평등한 가족을 지향하는 올바른 호칭 사용이 필요하다"라고 지적한 바 있습니다.

따라서 '외할머니', '외할아버지'로 구별하기보다 그저 '할머니', '할아버지'로 부르면 좋겠습니다. 만약 양쪽 할머니, 할아버지를 구별해야 할 필요가 있을 때는 '수원 할머니', '진주 할머니'처럼 거주 지역을 이용한 호칭을 사용하는 것도 대안이 될 수 있습니다.

○ 외할머니, 외할아버지 대신 할머니, 할아버지 또는 거주 지역명+할머니, 할아버지

＋ 그는 마을 어른들께 할아버지의 함자를 대면서 손자라고 인사를 드렸다.

× 자매결연

'자매결연'은 글자 그대로 자매 관계를 맺는 일을 말합니다. 보통 한 지역과 지역, 단체와 단체가 서로 돕고 교류하는 친선 관계를 맺는 일을 가리킵니다.

뜻 자체는 아름답고 좋습니다. 하지만 '자매결연'만 있고 '형제결연'이라는 말은 왜 없을까요? 이렇게 생각하면 엄연히 '자매결연'이라는 말은 성차별을 전제한 표현입니다.

이 말의 어원에 대해서는 여러 설이 있습니다. 한자의 남존여비식 특성 때문에 한자어를 만들 때 사람처럼 높일 필요가 없는 사물과 관련된 말에는 여성명사를 씁니다. 그러다 보니 '결연'에도 '자매'라는 여성명사가 결합했다는 것입니다. 그러나 그 근거가 논리적인 빈틈 없이 확실하지는 않으므로 하나의 설일 뿐입니다.

영어 표현에서 비롯됐다는 설도 있습니다. 영어로 자매결연을 'sisterhood relationship'으로 표현합니다. 이때 'sisterhood'

를 단순하게 우리말 '자매'로 직역했기 때문이라는 것입니다.

어떤 어원이든 성 평등과는 거리가 있어 보입니다. 그냥 그 의미를 살려 '친선 관계'나 '상호 결연' 등으로 표현하면 됩니다.

○ 자매결연 대신 <u>친선 관계, 상호 결연</u>

+ 우리 학교는 육군 모 부대와 친선 관계를 맺고 있다.

늘씬하고 볼륨이 있는 몸매를 속되게 묘사해 '쭉쭉빵빵'이라
고 합니다. 여성을 대상으로 자주 사용하는 표현으로, 날씬하
고 키 큰 여성의 외모를 선정적으로 표현해 여성의 몸을 노골
적으로 상품화한 말입니다. 1990년대에 생겨난 새말로 추정
되지만, 여전히 대중매체에서도 여성 의류를 광고할 때 많이
쓰이고 있습니다. 여성의 몸매를 남성의 시각에서 희화화한
표현이므로, '날씬하고 키가 큰' 등의 일반적인 표현으로 바꿔
써야 합니다.

○ 쭉쭉빵빵 대신 날씬하고 키가 큰

＋ 그 선수들은 하나같이 날씬하고 키가 컸다.

✕ 청일점, 홍일점

'홍일점'은 많은 남자 사이에 끼어 있는 여자 한 명을 비유적으로 이르는 말입니다. 중국 남송 시대의 왕안석이 읊은 〈영석류시詠石榴詩〉의 시구 "만록총중홍일점萬綠叢中紅一點(온통 푸르름 속에 붉은 점 하나, 즉 푸른 잎사귀들 한가운데 붉게 피어난 꽃 한 송이)"에서 유래했습니다. 왕안석이 감탄한 붉은 꽃은 석류꽃이라고 전해지는데, 붉은 꽃이 여성을 연상시켜 현재 뜻으로 굳어진 듯합니다.

그리고 '청일점'은 많은 여자 사이에 끼어 있는 남자 한 명을 비유적으로 이르는 말로, 그 이후에 만들어진 것으로 추측됩니다. 그런데 이 말들이 자주 쓰이는 맥락이 문제입니다.

다수의 남성과 한 명의 여성 또는 다수의 여성과 한 명의 남성 사이에서 소수 성별을 홍일점이나 청일점으로 강조하면, 소수 성별인 사람을 동등한 구성원으로 인식하기 이전에 먼저 불필요한 성별 편견으로 바라보게 됩니다. 집단 내 소수 성별을 특별하게 대접하든 깔보며 무시하든 마찬가지입니다. 더욱이 여성은 '홍', 남성은 '청'이라는 색깔로 구분하는 이분법적 구도도 성별 편견을 내포합니다.

○ 청일점, 홍일점 대신 유일한 남성, 유일한 여성
+ 김 간호사는 우리 병원에서 유일한 남성이다.

× 친할머니, 친할아버지

'친할머니'는 아버지의 어머니를 가리키고, '친할아버지'는 아버지의 아버지를 가리킵니다. '외가, 친가(216쪽 참고)', '외할머니, 외할아버지(217쪽 참고)'에서 이미 이야기했듯이 남성, 즉 부계 혈통에 유리한 차별어입니다. '친할머니', '친할아버지'라고 불러 외할머니와 외할아버지를 소외시키기보다 똑같이 '할머니', '할아버지'라고 부르면 충분합니다.

○ 친할머니, 친할아버지 대신 할머니, 할아버지 또는 거주 지역명+할머니, 할아버지

＋ 할머니께서는 벽장에 감추어 둔 약과나 다식 같은 귀한 먹을거리를 손자에게 아낌없이 주셨다.

2장 구별과 차별을 구분해야 할 비대칭 차별어

× 편모, 편부

아버지가 죽거나 이혼해 홀로 있는 어머니를 흔히 '편모', 그 반대의 경우를 '편부'라고 합니다. 우리 사회는 오래전부터 결혼한 남자와 여자 그리고 그들의 자녀로 이뤄진 가정만을 정상이라 생각했습니다. 여기서 조금이라도 벗어나면 비정상으로 여겼습니다. 그래서 편모, 편부에도 '치우치다, 쏠리다, 기울다' 등의 뜻을 가진 한자 '편偏'을 씁니다.

이는 '부모 양쪽이 다 있어야 균형이 맞는다'라는 편견을 전제합니다. '편부'와 '편모'를 모두 '한부모'로 순화한 것은 일리가 있습니다. 다만 이때 '한-'의 뜻이 중의적입니다. '어머니, 아버지 가운데 하나'라고 받아들일 수도 있지만, 친부모와 양부모가 있어서 부모가 둘인 경우에는 달리 해석할 수도 있기 때문입니다. 그러나 그런 경우가 그리 많지 않으니, 실제로는 중의성이 크게 발생하지 않으므로 지금으로서는 적절한 대안어가 됩니다.

이제 성소수자 가족도 인정하는 방향으로 나아가고 있습니다. 가족의 개념을 좀 더 폭넓게 규정하고, 다양한 가족 존재 양식을 자연스러운 문화로 받아들이는 노력을 해야겠습니다. '나 홀로 가족'이라는 말도 있듯이 1인 가족도 많아지는 추세입니다.

○ 편모, 편부 대신 한부모

\+ 교육 봉사 활동을 통해 그가 한부모 가정의 아이들에게 경쟁의 기회를 만들어 주려고 한 것도 그 때문이다.

'학부형'은 학생의 아버지나 형이라는 뜻으로, 학생의 보호자를 이르던 말입니다. 보호자가 아버지와 형만 있는 것은 아니니 그 뜻 자체가 부적절합니다.

전통 사회에서는 집안일은 어머니가 하고, 자식의 학교 방문 같은 바깥일은 아버지나 형이 챙겨 학부형이라는 말이 자연스러웠을 것입니다. 학부형이라는 낱말에서, 어머니는 그렇게 학생의 보호자 역할에서 배제됐습니다.

그러나 요즘은 학교 방문이나 학교 관련 일을 엄마들이 주로 합니다. '학부형' 대신 '학부모'가 많이 쓰이고 있긴 하지만, 여전히 '학부형'도 꽤 눈에 띕니다.

또한 맞벌이, 다양한 가족 구성 등으로 학생의 보호자가 꼭 부모라는 법은 없으므로 '보호자'라고 해도 좋겠습니다. '보호자'는 민법상 자녀에게 친권을 행사하는 아버지나 어머니, 친권을 행사하는 사람이 없을 때는 미성년자의 후견인이나 후

견인의 직무를 수행하는 사람을 말합니다. 조손 가정에서는 할머니, 할아버지가 학생의 보호자입니다. 다양한 관계로 이루어진 가족들이 새롭게 생겨나고 있습니다.

　이를 모두 감안하면 '학부모회', '학부모 상담' 같은 말들도 사실은 부모 이외의 '보호자'들과 그 아이들에게 상처가 될 수 있습니다. 부모를 비롯한 모든 보호자를 가리켜야 할 때는 '학부모'보다 '보호자'가 더 바람직합니다.

○ 학부형 대신 학부모, 보호자

+ 선수 보호자 중에서 내 나이와 비슷한 분도 계시더라고요.

× 한남, 한녀

'한남'은 "한국 남자들은······"으로 시작해 남성에 대한 불만을 제기하는 게시글에서 비롯됐습니다.

'한남'은 그 형태만 보면 단순히 '한국 남자'의 줄임말에 불과하지만 중립적인 의미라고 볼 수 없습니다. 주로 페미니즘을 지지하는 커뮤니티와 SNS 사용자들이 쓰는 표현으로, 한국 남자 전체를 부정적으로 비난하며 공격하는 속뜻이 자명하기 때문입니다.

우리나라에서 성별 간 혐오 현상이 극심해져 '한남'에 '-충'이라는 새말 접미사를 결합한 '한남충'이라는 비하 표현까지 생겨났습니다. '한남충'이라고 한국 남성 전체를 벌레로 비유해 싸잡아 비난합니다. '한국 여자'의 줄임말인 '한녀'는 '한남충'이 인터넷 전역에서 사용되자 그 대칭어로 생겨난 말입니다.

이렇게 성별 갈등 속에서 서로를 미워하고 조롱하며 비난하는 용도로 만들어 낸 혐오 표현들은 갈등만 악화시킬 뿐입니다. 성별 갈등을 건강하게 해결해 발전적인 미래를 모색하는 데 아무런 도움이 되지 않습니다.

태생적으로 여자와 남자의 차이는 분명 있습니다. 생긴 모습만 해도 다르니까요. 성 평등이라고 해서 남자와 여자가 모든 것을 똑같이 해야 한다는 이야기는 아닙니다. 서로 다른 점은 인정하고 서로 부족한 점은 보완해 주려고 할 때 성별 갈등도 해소될 것입니다. 그 속에서 서로의 장점도 더욱 발전하게 되겠지요.

○ 한남, 한녀 대신 한국 남자, 한국 여자

+ 오늘도 카페에서 한국 남자들을 많이 보았다.

'형제애'는 형이나 아우 또는 동기에 대한 사랑을 말합니다. '형제애'라고 해서 형과 남동생의 관계에서만 쓰는 말은 아닙니다. 오빠와 여동생, 누나와 남동생의 남매간, 언니와 여동생의 자매간 우애에도 쓰입니다.

또한 가족의 울타리를 뛰어넘어 어떤 집단에 속한 사람들이 서로를 형제처럼 느끼는 감정도 '(집단)형제애'라 합니다. 그런데 '형제'와 결합한 낱말들은 이처럼 그 규모가 큰 편입니다. 형제지국, 형제지의, 사해형제 등을 그 예로 들 수 있습니다.

그 반면 '자매'와 결합한 말들은 규모가 작습니다. 자매결연, 자매기관, 자매도시, 자매단체, 자매학교, 자매지, 자매편, 자매품 등이 그러합니다. 상대적으로 남성에게 유리한 성차별의식이 반영되어 있음을 쉽게 알 수 있습니다.

그렇다면 대안어로는 무엇이 좋을까요? 가족이라면 성별 구성에 따라 '남매애'나 '자매애'를 더하면 되고, 가족이 아니라면 '연대감'으로 대신할 수 있습니다. 연대감은 '한 덩어리로 서로 연결되어 있음을 느끼는 마음'입니다. 사회적 연대감은 극단적인 개인주의와 이기주의를 넘어서서 '우리'로 결속하는 동력이 되어 줍니다.

○ 형제애 대신 **남매애, 자매애, 연대감**

+ 그는 뜨거운 연대감으로 똘똘 뭉친 마을 공동체를 만들기 위해 한평생을 바쳤다.

관습적 차별어

3장 무의식을 지배하는

관습적 차별어는 '미망인'처럼 역사적으로 또는 사회적 관습으로 자연스럽게 쓰이고 있는 차별어로, 보통은 차별어인지 모르는 경우가 많습니다. 노골적 차별어처럼 차별성이 쉽게 드러나지는 않지만, 오랫동안 습관으로 사용해 온 탓에 우리 무의식을 지배합니다. 그래서 더욱 문제가 됩니다. 관습적으로 차별어를 쓰면서도 민감하게 느끼지 못하는 만큼, 소리 없이 퍼지는 독버섯처럼 이리저리 널리 쓰인다는 특징이 있습니다.

예를 들어 '파행跛行'이 그렇습니다. 매년 국회에서는 정부의 각 기관들을 감사하는 국정감사(줄임말로 '국감'이라고 합니다)

가 열립니다. 국감 때가 되면 여야 의원들의 의견 대립으로 '국감 파행'이라는 말을 많이 듣습니다. '절뚝거리며 걷는다'는 뜻인 '파행'은 일이나 계획이 순조롭지 못하고 이상하게 진행됨을 비유하는 표현으로 자주 언급됩니다.

그런데 여기에 쓰인 '파'가 바로 '절름발이 파跛' 자입니다. 장애인에 대한 차별을 은연중에 담고 있습니다. '절름발이 국회'와 같은 표현은 많이 사라졌지만, '파행'이라는 한자어는 아직도 빈번하게 사용합니다. 이 말에 담긴 차별성을 인지하지 못하기 때문입니다. 요즘 일상적으로 쓰이는 '결정 장애', '선택 장애'와 같은 '○○ 장애'라는 표현도 마찬가지입니다.

많은 사람이 오랜 습관으로 차별어를 쓰면서도 '나는 차별을 하지 않는다'라고 생각합니다. 각자 생활하며 살아온 환경이 달라 차별을 느끼고 인지하는 정도에 차이가 나기 때문입니다. 나에게 노골적인 차별 의도가 없었더라도 내 말을 듣는 사람이 그렇게 느끼고 상처를 받을 수 있습니다.

예로부터 써 온 말이라고 일상에서 차별어를 자꾸 쓰다 보면 점점 입에 붙어 아무렇지 않게 막 쓰게 됩니다. 그러다 보면 차별에 더욱 무뎌져 차별하는 사람도, 차별당하는 사람도 그 차별을 당연한 것으로 받아들이기에 이릅니다. 우리가 차별어를 섬세하고 예민하게 돌아봐야 하는 이유입니다.

· 가족, 이웃 관련 차별어	미숙아, 불우이웃, 사생아
· 여성, 성소수자 관련 차별어	경단녀, 그녀, 김 여사, 도련님·서방님, 미망인, 선남선녀, 신랑 신부, 신사 숙녀, 아가씨, 아내·처, 아녀자, 여사, 유모차, 자궁, 장인 장모, 저출산, 정조, 집사람·안사람·마누라·와이프, 폐경
· 외모, 장애 관련 차별어	간질, 결정 장애·선택 장애, 벙어리 냉가슴, 벙어리장갑, 불구, 앉은뱅이 술, 앉은뱅이책상, 정상인, 정신분열증, 치매
· 인종, 출신 관련 차별어	짱깨, 쪽발이, 혼혈아
· 직업, 노동 관련 차별어	간호원, 도배공, 신호수, 운전수, 청소부, 파출부

× 간질

'간질'은 경련과 의식장애를 일으키는 발작 증상이 되풀이해 나타나는 병입니다. 유전적인 경우도 있으나 외상外傷, 뇌종양 등이 원인이 되어 나타나기도 합니다. 발작 증세가 나타나면 본인은 인지하기 어렵고 주변 사람들을 놀라게 하므로 일명 '지랄병'이라고도 했습니다. 그 때문에 이 병을 안 좋은 시선으로 바라보는 사람이 많습니다. 간질의 한자 '癎疾'의 '癎'은 '간 질 간' 자입니다. 대안어 '뇌전증'으로 바꾸면 이러한 한자 자체가 불필요합니다.

○ 간질 대신 <u>뇌전증</u>
+ 그는 어렸을 때 뇌전증 증세로 많은 고생을 했지만 현재는 완치됐다.

✕ 간호원

'간호원'은 1987년 의료법 개정안에서 '간호사'로 변경되기 전까지 사용해 왔던 용어입니다. 의사의 진료를 돕고 환자를 돌보는 사람에 대해 법으로 그 자격을 정한 것입니다.

　명확하지는 않지만, 1930년대에 선교사들이 간호 교육을 보급할 당시에는 '간호사'라고 불리기도 했다고 합니다. 그런데 상하 관계를 강조하는 일본 문화의 영향을 받아, 의사의 명령을 받는 존재로 격하되어 '간호원'으로 굳어졌다는 견해가 있습니다. 광복 후인 1951년에는 국민의료령에 따라 '간호원'이 정식 명칭이 되었고, 1987년에 의료법이 개정되고 나서야 '간호사'로 자리 잡았습니다.

　'간호원'은 '청소원, 안내원, 점원'과 같은 계열의 직업 이름으로 '의사'보다 언어상으로도 한 차원 낮은 감이 있습니다. 간호원의 '-원員'은 '어떤 일을 하는 사람' 정도의 의미만 담겨 있습니다. 의사의 '-사師'와 같은 '전문적으로 기예를 닦은 사람'이라는 의미 수준에는 이르지 못합니다. 언어상으로도 간호원이라는 명칭은 여전히 의사의 종속적 지위에 불과할 따름입니다.

○ 간호원 대신 <u>간호사</u>

+ 간호사들과 의사들이 바쁜 손길로 진료를 하고 있다.

✕ 결정 장애, 선택 장애

'결정 장애', '선택 장애'는 최근에 생겨난 신조어입니다. '결정 장애'는 결정을 해야 할 때 망설이기만 하고 결단을 내리지 못하는 것을 말합니다. '선택 장애'는 선택을 해야 할 때 망설이기만 하고 어느 것도 선택하지 못하는 것을 뜻합니다. 이 말들이 처음 쓰이고 난 후 급속도로 확산되어 지금은 우리 일상에서 많은 사람들이 여기저기에 별 문제의식 없이 막 쓰고 있습니다.

'결정 장애'와 '선택 장애'에서 '장애'가 불편하게 느껴집니다. 왜 하필 '장애'라는 표현을 선택했을까요? 그동안 '장애인'을 부족하고 열등한 존재로 여겼고, 그래서 무언가 부족하고 열등한 것을 의미할 때 '장애'를 덧붙여 왔기 때문입니다. 그동안 그렇게 '장애'라는 말을 습관적으로 비하의 의미로 사용한 것입니다.

어떤 중대한 결정과 선택은 물론 사소한 결정과 선택도

매우 중요한 행위입니다. 이 모든 결정과 선택이 우리 자신, 그리고 우리가 서 있는 자리를 만들기 때문입니다. 그 같은 행위에 사회적 약자를 낮보는 표현을 가볍게 더하여 쉽게 입에 올려서는 안 되겠습니다. 관습적 장애인 차별어인 '결정 장애' 대신 '결정하기 어려움'이나 '결정 어지럼증' 등을, '선택 장애' 대신 '선택하기 어려움'이나 '선택 어지럼증' 등을 적절하게 쓸 수 있습니다.

○ 결정 장애, 선택 장애 대신 <u>결정하기 어려움·결정 어지럼증, 선택하기 어려움·선택 어지럼증</u>

＋ 나는 결정 어지럼증이 있어.

× 경단녀

'경단녀'는 '경력 단절 여성'을 줄여 이르는 말입니다. 대부분 임신과 출산, 육아로 일자리를 잃고 경력이 끊어집니다. 스스로 원해서 하던 일을 멈춘 게 아니라는 뜻입니다. 이는 출산과 육아를 거치며 여성들에게 희생과 책임만 강요할 뿐, 정작 그들을 존중하지 않는 남성 중심의 일 문화가 만들어 낸 여성 차별어입니다. '경단녀'의 실상을 드러내는 '임신·출산 해고 대상자' 같은 대안어가 여성들의 사회적 차별을 드러내고 치유하는 길이 되어 줄 것입니다.

○ 경단녀 대신 임신·출산 해고 대상자

+ 임신·출산 해고 대상자들은 재취업하기도 쉽지 않다는 것이 큰 사회적 문제이다.

× 그녀

'그녀'는 주로 글에서 나타나는 삼인칭대명사입니다. 앞에서 이미 이야기한 여자를 가리킵니다.

'그녀'는 서울시여성가족재단에서 제작하는 〈서울시 성평등 언어사전〉에 성차별 언어로 규정되어 있습니다. 영어 'She'를 번역한 일본어 '피녀彼女'가 그 어원으로, 우리나라에서는 '그'에 '여자 녀女' 자를 결합해 '그녀'가 만들어졌습니다.

이는 남성 입장에서 여성을 가리키는 표현입니다. '그'는 원칙적으로 성별을 드러내는 삼인칭대명사가 아닙니다. 표준국어대사전에는 "주로 남자를 가리킬 때 쓴다"라고 풀이되어 있습니다. 그러나 '그'와 '그녀'를 구별해 사용하기 시작하면서 삼인칭대명사의 기본형인 '그'가 남자를 가리키는 것으로 굳어졌을 뿐입니다.

남자는 '그남'이 아닌 기본형으로 가리키면서 '그녀'만 사용한다면 그동안 관습적으로 익숙하게 사용해 왔더라도 분명 성차별적입니다. 앞에서 이미 이야기한 남자든 여자든 모두 삼인칭대명사로 지칭하려면 기본형 '그'를 사용하는 것이 바람직합니다. 여자 또는 남자임을 밝혀야 한다면 '그 여자', '그 남자' 등으로 풀어 주면 됩니다.

○ 그녀 대신 그, 그 여자 또는 실제 이름

＋ 삼 년 후 다시 만났을 때 그는 완전히 변해 있었다.

╳ 김 여사

'김 여사'는 일반적으로는 김씨 성을 가진 중년 여성을 높여 부르는 호칭이지만, 운전에 서툴거나 자동차를 잘 못 다루는 여성 운전자를 조롱하는 말로도 널리 쓰입니다. 운전을 잘하느냐, 못하느냐는 운전 경력과 안전 운전이 많이 좌우합니다. 성별로 잘하고 못하고를 구분 지을 수는 없습니다. 그런데도 여성은 남성보다 운전을 못한다는 선입견이 팽배하고, 여성 운전자를 잠재적 교통사고 가해자로 바라보는 시각도 여전합니다. 모든 여성 운전자는 물론 운전 미숙자까지 '김 여사'라고 칭하면서 비하하고 차별해서는 안 되겠습니다.

○ 김 여사 대신 운전 미숙자
+ 운전 미숙자보다 난폭한 보복 운전자가 더 위험하다.

3장 무의식을 지배하는 관습적 차별어

× 도련님, 서방님

'도련님'은 결혼하지 않은 시동생을 높여 이르거나 부르는 말입니다. '서방님'은 결혼한 시동생을 높여 이르거나 부르는 말입니다.

그런데 '서방님'은 남편의 높임말이기도 합니다. 그렇다면 결혼한 여성은 남편도, 남편의 남동생도 '서방님'이라고 부르게 됩니다. 그리고 '도련님'은 과거에 자신보다 나이는 어리지만 신분이 높은 남성을 부를 때 썼던 호칭으로, 전근대사회의 용어를 지금도 쓰고 있는 셈입니다.

더욱이 아내는 남편의 남동생에게 '님' 자를 붙여 높임말로 부르지만, 남편은 아내의 남동생을 '처남'이라고 부르면서 존대하지는 않습니다. 서울시여성가족재단은 '도련님', '서방님' 대신 '○○ 씨'라고 이름을 부르는 호칭으로 개선하자는 제안을 했습니다.

이 제안에 일리가 있습니다. 친척 간이라도 때로는 이름을 정겹게 부르면 좋습니다. '씨' 역시 대체로 윗사람에게 쓰지는 않고 동료나 아랫사람에게 쓰지만, 기본적으로 그 사람을 대접해 높이며 부르거나 이르는 말입니다. 그러니 남편의 시동생을 존중하는 마음으로 이름에 '씨'를 정중하게 붙이면 아무 문제가 되지 않습니다.

○ 도련님, 서방님 대신 ○○ 씨
+ ○○ 씨가 빨리 장가를 들어 새살림이 나야 부모님께서 기뻐하실 텐데.

✕ 도배공

표준국어대사전에서는 '도배공'을 "도배하는 일을 직업으로 가진 사람"이라고 단순하게 설명하고 있습니다. 이는 전형적으로 직업의 귀천을 따지는 차별어 가운데 하나입니다.

'도배공', '인쇄공', '발파공' 따위에 붙은 '-공工'은 몸으로 직접 하는 일을 천하게 여겼던 조선 시대의 유교적 배경이 반영된 접미사입니다. '공돌이', '공순이'의 '공工-'도 같은 의미로 볼 수 있습니다.

사실 인간의 직업 가운데 몸으로 하지 않는 일은 거의 없습니다. 흔히 사무직(화이트칼라), 생산직(블루칼라)이라고 나누지만, 사무직이든 생산직이든 손을 써서 일하기는 매한가지입니다. 몸을 더 많이 움직이느냐, 머리를 더 많이 움직이느냐의 차이만 있을 뿐입니다.

조선 시대의 차별 의식이 그대로 반영되어 있는 '사농공상' 같은 말을 아직도 들먹인다면 심각한 문제입니다. 이는 사회 갈등을 유발하는 차별어이므로 쓰지 말아야 합니다. 도배의 기능적 전문성을 인정해 '도배공'은 접미사 '-사師'를 이용한 '도배사', 또는 국가기술자격시험을 치르는 '기사'를 이용한 '도배기사'로 존중해야 합니다.

○ 도배공 대신 도배사, 도배기사

+ 누드모델, 일등항해사, 도배사, 배달기사, 편의점주, 경비 노동자, 기상예보관, 라디오 피디 등 직업을 소재로 한 에세이가 봇물 터지듯 나오고 있다.

✕ 미망인

사전적인 뜻은 '남편이 죽고 배우자 없이 홀로 사는 여자'인 '과부'와 같지만, 사실은 과부를 낮춰 부르는 말과 다르지 않습니다. '미망인未亡人'의 어원 자체가 남편과 함께 죽었어야 하는데, 아직 죽지 못한 사람이라는 부정적 의미를 담고 있기 때문입니다.

모순적이게도 우리는 '과부'를 높여 부르는 말로 '미망인'을 사용합니다. 그러나 그 같은 실제 쓰임과 상관없이, 아내의 목숨까지 자신에게 종속된 것으로 착각하며 여성의 생명을 경시하는 생각이 깔려 있습니다. 철저히 이기적인 남성 중심의 여성 차별어이므로 이 말은 쓰지 말아야 합니다.

조선 시대에 남편을 따라 죽은 여성들을 '열녀'라고 추켜세웠습니다. 그 바람에 '미망인'이라는 지칭어는 홀로 된 외롭고 슬픈 여인들을 더욱 옥죄었습니다. 요즘에야 어원 그대로 생각하면서 이 말을 쓰지는 않겠지만, 유래가 나쁜 말을 굳이 그대로 쓸 이유가 없습니다. 서울시의 권고안대로 '고 ○○○ 님의 부인'으로 부르면 됩니다.

서울시는 세종국어문화원 등과 함께 2018년부터 차별어 순화 정책을 적극 시행해 큰 사회 반향을 일으키고 있습니다. 지방자치단체가 직접 이러한 언어 정책을 앞장서 이끄는 것은 처음이었지요. 당시에 대통령까지 나서서 공공 언어 개선을 지시했을 정도였습니다. 서울시는 이러한 분위기에 힘입어 이화여대 국어문화원과 함께 차별어를 없애기 위한 학술 대회를 열어 더욱 관심을 모았고, 이제 뿌리를 내릴 때가 되었습니다.

○ 미망인 대신 고 ○○○ 님의 부인

+ 대한민국고엽제전우회가 설 명절을 앞두고 소속 회원과 고인들의 부인을 돕기 위한 후원금을 전달했다.

× 미숙아

보통 임신한 지 37주 미만에 태어난 아기를 '미숙아'라고 합니다. '조산아', '조생아'라고도 하는데, '미성년자'라는 말과 함께 뭔가 채우지 못해 부족하다는 부정적 느낌을 줍니다.

아기는 엄마 배 속에서 열 달을 다 채우지 못하고 태어나도 얼마든지 건강하게 자랄 수 있습니다. 그런데도 태생부터 차별을 짓는 말로 부른다면 바람직하지 않습니다. 2006년에 아름다운재단과 교보생명이 국립국어원 후원으로 일반인들에게 공모를 하여 순우리말인 '이른둥이'라는 대안어가 생겼습니다.

저희 막내도 여덟 달 만에 이른둥이로 태어났습니다. 열 달을 다 채우지 못하고 일찍 태어났지만, 이 세상을 다 채우는 아이가 되라고 '다찬'이라는 이름을 지어 주었더니 실제로 그러한 어른이 되고 있습니다.

'미숙아'의 '미숙하다'는 '덜되다, 서투르다' 따위의 부정적인 뜻을 가지고 있습니다. '이른둥이'의 '이르다'는 남들보다 좀 더 빨리 세상에 태어났다는 의미이므로 차별성을 없앤 말이라고 할 수 있습니다.

○ 미숙아 대신 이른둥이

+ 나는 아홉 달을 막 넘겨 이른둥이로 태어났다.

× 벙어리 냉가슴

'벙어리'는 언어장애인을 비하한 표현이고, '벙어리 냉가슴'은 언어장애인의 신체장애를 비하해 쓴 표현입니다. 답답한 사정이 있어도 남에게 말하지 못하고 혼자서 끙끙 앓으며 고민하는 것을 말합니다. "벙어리 냉가슴 앓듯"이라는 속담으로 너무나 익숙하게 써 왔지만, 지금은 언어장애인이 안타까운 마음을 하소연하고 싶어도 마땅히 표현할 방법이 없었던 시대와는 다릅니다. '냉가슴 (앓듯)'이라고만 해도 충분히 그 뜻을 전달할 수 있습니다.

○ 벙어리 냉가슴 대신 냉가슴

＋ 게임사들이 P2E 게임을 'P2E 게임'이라고 당당히 말하지 못하고 냉가슴을 앓고 있다.

× 벙어리장갑

우리가 겨울철에 끼는, 엄지만 따로 끼고 나머지 네 손가락은 같이 끼는 장갑을 흔히 '벙어리장갑'이라고 합니다. 과거에는 언어장애를 잘 몰라 언어장애인의 혀와 성대가 붙어 있다고 믿는 사람이 많았습니다. 네 손가락을 붙여 놓은 모양이 '벙어리'를 떠올리게 한 모양입니다. 언어장애인들은 놀림당하는 것도 모자라 이 장갑 때문에 겨울마다 상처를 받았습니다. 다행히 사회복지법인 엔젤스헤이븐이 주도해 '손모아장갑'이라는 새 이름을 만들어 주었습니다. '엄지장갑'도 좋은 대안어입니다.

○ 벙어리장갑 대신 손모아장갑, 엄지장갑

＋ 엄마는 빨간색 손모아장갑을 털실로 떠 주셨다.

╳ 불구

'불구'는 몸의 어느 부분이 온전하지 못한 것을 가리키는 말로, '병신'과 더불어 장애인을 비하하는 대표적 차별어입니다. '불구'는 한자로 '아니 불不'과 '갖출, 온전할 구具'를 써서 글자 그대로 해석하면 '갖추지 않음', '온전하지 못함'이라는 뜻입니다. 신체장애가 있는 사람을 무언가를 갖추지 않았다고, 온전하지 못하다고 비하하며 차별하는 말입니다. '불구'보다 중립적인 용어인 '장애'로 바꿀 필요가 있습니다.

○ 불구 대신 장애

+ 그 남자는 장애가 있다.

× 불우이웃

'불우 이웃'은 표준국어대사전에서는 구로 보아 올림말로 실려 있지 않습니다. 그러나 다음국어사전에서는 합성어 '불우이웃不遇-'으로 보아 "처지나 형편이 딱하고 어려운 이웃"으로 실려 있습니다.

이 말을 의도적인 차별어로 보기는 어렵지만, 경제적으로 어려운 이웃에게 선입견을 가지게 할 수 있으므로 '어려운 이웃'이라고 풀어서 순화하면 더욱 좋겠습니다. 사실 '불우'나 '어려운'이나 정도 차이지만, '불우'는 지나친 동정심을 유발하는 문제가 있어서 그런 느낌을 좀 더 완화한 '어려운'이 더 적절합니다.

아직까지도 공공 기관이나 각 단체에서 "불우이웃 돕기", "불우이웃 성금" 같은 말들을 사용하고 있습니다. 형편이 어렵다고 하여 '불우하다'고 표현한다면 상대에게 자칫 모욕감을 줄 수 있으므로 삼가야 합니다.

누구나 언제든 형편이 어려워질 수 있습니다. 사실 경제적으로 풍족한 사람이 훨씬 적습니다. 지금 곤궁한 처지라고 해도 불우한 것은 아닙니다. 다시 함께 이겨 나가면 그뿐인 과정입니다.

○ 불우이웃 대신 어려운 이웃

✛ 연말이 되면 누구나 다정한 마음으로 어려운 이웃 돕기에 나선다.

✕ 사생아

법률로 맺어진 부부가 아닌 두 사람 사이에서 태어난 아이를 '사생아'라고 합니다. 곧 '사생아'는 정식으로 결혼했거나 혼인 신고를 한 부부가 아닌 두 사람의 성관계로 출생한 아이임을 일컫습니다. 좀 더 구체적으로는 어느 한쪽 또는 둘 다 결혼한 배우자가 있거나, 둘 다 미혼으로 임신했으나 결혼하지 않은 경우에만 '사생아'라고 부릅니다.

부모의 잘못이든 실수든 태어난 아이는 아무 잘못이 없습니다. 소중한 어린 생명에게 무슨 죄인 낙인이라도 찍는 듯한 표현을 쓴다면 문제가 많습니다. '사생아'에 쓰인 한자 '사사로울 사私'는 '개인'이라는 뜻 말고도 '비밀, 간통하다, 은밀히' 같은 뜻도 있습니다.

부모의 결혼이나 혼인신고를 했고 말고와 상관없이 신의 축복으로 이 세상에 온 귀한 생명일 따름입니다. 비밀스럽고 은밀하게 태어나야 하는 아이는 없습니다. 그렇게 숨겨야 하는 존재라면 그것은 부모의 죄과 때문일 것입니다. 사생아 자신에게는 아무런 죄과가 없습니다. 그러기에 20세기의 사생아 입법은 사생아를 보호하는 방향으로 크게 전환하고 있습니다.

이 중 러시아연방입법은 가장 진보적인 입법 태도를 보여줍니다. 혼인한 부부 사이에서 태어난 아이와 사생아의 차별을 철폐하고 국가가 사생아를 보호하는 정책을 취하고 있습니다. 우리나라에서도 '사생아'를 차별어로 분류해 '혼외자'라는 대안어를 만들어 쓰고 있습니다.

○ 사생아 대신 <u>혼외자</u>
+ 그 여자와 그 남자 사이에는 혼외자가 있다.

× 선남선녀

'선남선녀'는 성품이 착한 남자와 여자라는 뜻으로 착하고 어진 사람들을 이르기도 하고, 곱게 단장을 한 남자와 여자를 이르기도 합니다. 불교에서는 불법에 귀의한 남자와 여자를 선남선녀라고 이릅니다. 일상생활에서는 멋지고 잘생긴 남자와 여자를 가리켜 선남선녀라고 감탄합니다. 아무튼 그 뜻은 아름답지만, 여성보다 남성을 앞세우는 관용적 성차별 표현입니다. '아름다운 청년들', '멋진 젊은이들', '멋진 사람들'과 같이 바꿔 표현할 수 있습니다.

○ 선남선녀 대신 아름다운 청년들, 멋진 사람들

+ 이 감동적인 청춘 영화에는 멋진 젊은이들이 많이 나온다.

3장 무의식을 지배하는 관습적 차별어

✕ 신랑 신부

'신랑 신부'는 '신랑'과 '신부'를 아울러 이르는 말로 자연스럽게 쓰이고 있는데, 그 순서를 바꾼 '신부 신랑'은 거의 쓰이지 않습니다. 이 역시 관습적으로 남성을 앞세워 온 성차별 표현입니다. 신랑도 신부도 모두 갓 결혼한 사람을 가리키므로, 그냥 '신혼부부'라고 하면 별문제가 없습니다.

○ 신랑 신부 대신 신혼부부
+ 신혼부부에게 오늘은 평생 잊지 못할 날일 것이다.

✕ 신사 숙녀

'신사 숙녀'는 '신사'와 '숙녀'를 아울러 이르는 말입니다. 관객이나 고객을 높여서 부르는 말로, 서구권에서 오래도록 써 오던 '신사 숙녀 여러분Ladies and gentlemen'에서 유래합니다. 그런데 늘상 쓰던 이 표현도 서구권에서는 이제 점차 쓰지 않는다고 합니다. 성별을 나누어 지칭하면서 한쪽 성을 앞세우고 성소수자를 배제하는 성차별적 용어이기 때문입니다. 성별을 구분하지 않고 '여러분'이라고 할 수 있습니다.

○ 신사 숙녀 대신 여러분
+ 친애하는 여러분!

'신호수'는 어떤 기관이나 단체에서 신호하는 일을 맡아보는 사람을 가리킵니다. '-수'는 '목수'의 '수'처럼 한자 '손 수扌'에서 온 접미사인데, 손으로 하는 노동을 낮게 보거나 가볍게 보는 옛 관습에서 비롯됐습니다.

손으로 하는 노동을 대표하는 '운전수'는 이미 오래전에 '운전사'로 바뀌어 불리다가 최근에는 '운전기사'로 자리 잡았습니다. 기능직이라 할 수 있는 운전의 전문성을 인정해 '기사' 호칭을 붙인 경우입니다. '신호수'와 같이 기능적 전문가라 보기 어려울 때에는 대개 해당 직업에 '-원員'을 붙입니다.

참고로 '간호원'은 '-원'을 붙여 불렀으나 그릇된 인식이 개선되면서 '간호사'로 바뀌었습니다. '의사의 보조 구실을 하는 사람'에서 그 전문성을 인정받은 덕분입니다.

그러나 '신호수'의 직업적 명칭은 아직 '-수'에 머물러 있습니다. 표준국어대사전에는 '신호수'와 '신호원'이 같이 실려 있으나, 실제로 인터넷에서 두 낱말로 검색해 보면 일상생활 속에서 '신호수'가 훨씬 많이 쓰인다는 사실을 알 수 있습니다. 신호원들은 사람들이 안전하게 움직일 수 있도록 신호해 줍니다. 마땅히 그들의 일을 지금보다 존중해 '신호원'으로 불러야 합니다.

○ 신호수 대신 <u>신호원</u>

+ 기찻길 옆 신호원으로 반세기를 살다 보니 이제 기차 소리가 자장가로 들린다.

3장 무의식을 지배하는 관습적 차별어

'아가씨'는 시집갈 나이의 여자를 이르거나 부르는 말로도 쓰이고, 손아래 시누이를 이르거나 부르는 가족 호칭으로도 쓰입니다.

'아가씨'라는 낱말 자체에는 낮추거나 차별하는 의미가 담겨 있지 않습니다. 오히려 미혼의 양반집 딸을 높여 이르거나 부르던 말이었습니다. 원래 이 말은 '아기씨'로, 지체 높은 사람의 딸을 가리켰던 것입니다.

하지만 현대에 와서 낱말의 형태도 바뀌고, 실제 쓰임이 달라지면서 그 의미도 변질되어 차별어가 되었습니다. '아가씨'에서 높임 의미가 배제됐고, '술집 아가씨' 등 사회적으로 폄하되는 직업에 종사하는 여성의 호칭으로 주로 쓰이고 있기 때문입니다.

가족 호칭으로도 오늘날에는 적절하지 않습니다. 아내는 남편의 여동생에게 '아가씨'라고 높여 부르지만, 남편은 아내의 여동생을 '처제'라고 부르면서 존대하지 않습니다. '도련님', '서방님'의 경우처럼 손아래 시누이를 호칭할 때는 '○○ 씨'라고 이름을 부르면 됩니다.

○ 아가씨 대신 여자, ○○ 씨

+ 나는 예쁜 여자보다는 마음씨 착한 여자를 원한다.

✕ 아내, 처

'아내'의 어원에는 전형적인 가부장 이데올로기가 반영되어 있습니다. 집안 살림을 도맡아서 하는 안식구와 밖에서 여러 가지 활동을 하는 바깥주인을 '내외內外'라고 구별하면서 생겨났기 때문입니다.

'아내'에는 '집 안쪽'이라는 뜻이 내포되어 있습니다. '아내'의 유래가 된 옛말 '안해'를 16세기 문헌에서부터 찾아볼 수 있습니다. '안內+ㅎ+애(처격조사)'의 짜임새로 집 안쪽이라는 표현은 주부를 가리키는 명사로 굳어졌습니다.

'안식구', '안사람', '집사람'도 모두 '아내'와 같은 뜻의 말들입니다. 결국 여자는 마땅히 집 안에서 살림을 해야 한다는 그릇된 표현이 '아내'인 셈입니다. '처'는 혼인해 남자의 짝이 된 여자라는 뜻이므로 역시 남성 중심의 말입니다.

'배우자'는 '부부의 한쪽에서 본 다른 쪽', 즉 남편 쪽에서는 아내를, 아내 쪽에서는 남편을 이르는 호칭입니다. '아내'나

'처'보다는 '배우자'라고 가리키는 것이 훨씬 중립적이고 공평합니다. 젊은 남편들은 배우자를 '와이프'라고 흔히 말하는데, 그 역시 무척 가벼워 보여서 존중하는 마음이 별로 느껴지지 않습니다.

○ 아내, 처보다 <u>배우자</u>

＋ 배우자와 서로 인사를 나누고 각자 출근길로 갔다.

✕ 아녀자

'아녀자'는 '여자'를 낮잡아 이르는 말입니다. 한자도 '兒女子'로, 아이兒와 여자女를 함께 이르는 말에서 비롯됐습니다. 여자를 아직 배움과 경험이 부족한 어린아이와 같은 존재로 취급하는 것이나 다름없습니다. 여자를 함부로 낮추어 부르는 말이니 쓰지 말아야 합니다.

○ 아녀자 대신 여자

+ 여자들이 점심 준비와 이사 뒤치다꺼리를 하느라고 분주했다.

× 앉은뱅이 술

'앉은뱅이 술'은 일부 전통주에 붙은 별명입니다. 한번 마시기 시작하면 은근히 취해 앉은뱅이처럼 자리에 주저앉아 일어나지 못한다고 해서 생겨났습니다. 〈서울시 혐오 표현 예방을 위한 용역 결과보고서〉는 '앉은뱅이'는 장애를 비하하며 "소수자를 멸시, 모욕, 위협하는 혐오 표현"이라고 규정했습니다. 꼭 어떤 사람에게 이 표현을 쓰지 않는다고 해도 장애라는 속성을 저열하게 부각하며 좋지 않은 편견을 부추기기 때문입니다.

○ 앉은뱅이 술 대신 좌석주, 은근히 취하는 술, 은근히 독한 술

+ 한산소곡주는 좌석주라는 별명으로 유명하다.

3장 무의식을 지배하는 관습적 차별어

× 앉은뱅이책상

'앉은뱅이'는 하반신 장애인 중에서 앉기는 해도 서거나 걷지 못하는 사람을 낮잡아 이르는 말입니다. 이를 순화한 대안어는 '지체장애인'입니다.

소아마비로 장애를 가진 사람들한테는 '앉은뱅이'라는 말이 크나큰 상처로 다가온다고 합니다. 그런데도 여기에서 파생된 '앉은뱅이책상'을 비롯해 '앉은뱅이걸음', '앉은뱅이 거울', '앉은뱅이 의자', '앉은뱅이꽃', '앉은뱅이 술'과 같은 표현이 참 많습니다. '앉은뱅이놀이'도 있습니다. 일종의 술래잡기로, 이리저리 뛰어다니다가 술래에게 붙잡힐 염려가 있을 때는 그자리에 앉아 버리면 붙잡히지 않게 됩니다.

키 또는 높이가 작거나 낮은 사물을 지체장애인에 비유해 왔습니다. 지체장애인을 '앉은뱅이'라고 부르면 안 된다고 생각은 하면서도 차별적인 비유들에는 둔감해져 일상적으로 사용하기 쉽습니다.

'앉은뱅이책상'은 의자 없이 바닥에 앉아서 쓸 수 있게 만든 낮은 책상을 말하므로, '좌식 책상'이나 '낮은 책상'으로 쓰면 됩니다. '앉은뱅이'를 빼고 '앉은걸음', '낮은 거울', '낮은 의자'로도 충분합니다. '앉은뱅이꽃'은 '제비꽃', '채송화', '민들레' 등의 별칭이므로 그냥 각각의 꽃 이름을 쓰면 됩니다.

○　앉은뱅이책상 대신 **좌식 책상, 낮은 책상**

＋　좌식 책상에서 오래 공부했더니 다리에 쥐가 났다.

'여사'는 결혼한 여자나 사회적으로 이름 있는 여자를 높여 이르는 말입니다.

본래 '여사女史'는 고대 중국 주나라의 관직명입니다. 주나라 왕실의 관직 제도를 기록한 《주례周禮》에는 '여사'가 왕후를 보좌해 왕후의 의전, 그리고 내정과 관련된 사무를 담당하는 직책女史, 掌之王后禮職, 掌內治之貳, 以詔治內政이라고 나와 있습니다. 그러나 왕조시대가 멸망하면서 중국에서 이 직책은 사라졌다고 합니다. 지금 중국 사회에서 더 이상 '여사'는 긍정적인 의미로 사용되지 않습니다(청나라의 멸망 이후에는 술집 여성 포주나 창녀를 가리키게 되었다고 합니다).

우리는 일제강점기에 여성에 대한 존칭으로 '여사'를 사용하기 시작했습니다. 당시 일본에서는 왕후의 비서 역할을 했던 중국 '여사'가 학문, 예술, 정치 등에서 사회적 지위와 명성이 있는 여성을 가리키는 경칭으로 쓰이고 있었습니다. 그 일본의 '여사'를 들여온 것입니다. 여기에 우리는 '님'까지 더하기도 합니다.

하지만 그 본뜻이 아무리 좋아도 중국, 일본은 물론 우리나라에서도 이제 여성을 비꼬며 지칭하는 성차별 호칭으로 바뀌고 있습니다. '여사', '여사님' 말고 '님'이라고 하면 됩니다.

○ 여사 대신 ○○○ 님

+ 지난달에 책을 출간하신 윤○○ 님께서 오셨습니다.

× 운전수

'운전수'는 운전하는 일을 직업으로 가지고 있는 사람, 또는 운전을 하는 사람을 낮잡아 이르는 말입니다. 운전수의 '-수'에도 한자 '손 수手'가 쓰입니다. 손으로 하는 노동을 낮고 가볍게 얕잡는 옛 관습에서 비롯된 접미사여서 지금은 직업적 명칭의 '-수'가 '-원員'이나 '-사師'로 많이 바뀌었습니다. 직업의 전문성에 따라 '-수→-원→-사'가 접미사로 쓰입니다. '버스 운전수'는 '버스 운전사'나 '버스 운전기사', '택시 운전수'는 '택시 운전사'나 '택시 운전기사'로 불러야 합니다.

○ 운전수 대신 운전사, 운전기사
+ 나는 택시 운전기사에게 시청으로 가 달라고 했다.

× 유모차

‘유모차’는 어린아이를 태워서 밀고 다니는 손수레입니다. 일본식 한자어로, 아기가 쓰는 물건인데도 아기를 보는 사람의 시선으로 만들어졌습니다. 오랜 관습으로 쓰여 온 이 말은 아기 보는 사람을 유모, 즉 엄마를 비롯한 여성으로 한정합니다. 여성을 차별한다는 의식을 가시적으로 드러내는 표현은 아니지만, 아이를 돌보는 책임과 의무가 여성에게 있다는 잘못된 관습을 무의식적으로 강요합니다. 아기가 쓰는 만큼 아기 중심의 대안어 ‘유아차’와 ‘아기차’로 부르면 됩니다.

○ 유모차 대신 <u>유아차, 아기차</u>

＋ 아기를 유아차에 태우고 산책하는 부부의 모습이 정답다.

'자궁子宮'은 태아가 자리 잡아 자라는 여성의 생식기관입니다. 그런데 '아들 자子' 자가 들어 있습니다. 아들을 선호하는 고정관념이 반영된 관습적 차별어이기 때문입니다. '자궁'은 남자 아이만 품는 집이 아니지 않습니까?

　물론 '자子'에는 '아이, 자식'이라는 뜻도 함께 있긴 합니다. 설령 그렇다 해도 중국이나 한국이나 남아선호사상이 지나치게 강하다 보니 아들이 아이 자격을 독점한 셈입니다. 딸은 아이로서 존중받지 못했습니다.

　서울시에서는 특정 성별이 아니라 세포를 품은 집이라는 뜻의 '포궁胞宮'을 대안어로 내세웠으나 너무 어렵습니다. 중국 한대漢代에 집필된 대표적 전통 의학 고전인 《황제내경》에서 자궁을 '포胞'로 기록했고, 그 의미를 분명히 하기 위해 '여자포女子胞'라고도 표현했습니다.

　그러나 표준국어대사전에 '자궁'을 일상적으로 이르는 말로 '아기집'이라는 직관적 낱말을 실어 놓았습니다. 다행스럽게도 누구나 쉽게 이해할 우리말 '아기집'이 있으니 성차별적인 '자궁'이든 어려운 '포궁'이든 굳이 한자어를 쓸 이유가 없습니다.

○ 자궁 대신 아기집
+ 아기집 상태는 여성들의 건강 지표가 된다.

✕ 장인 장모

'장인 장모'는 장인과 장모를 아울러 이릅니다. 아내가 남편의 부모를 부르는 '시아버지'와 '시어머니', 남편이 아내의 부모를 부르는 '장인'과 '장모'라는 호칭은 남성 중심 사회를 대표하는 어휘들입니다. 아내는 결혼하면 남편의 부모도 아버지와 어머니로 여겨야 합니다. 반면 남편이 아내의 부모를 부르는 장인과 장모는 어원으로만 보면 '어른'과 '어른 여자'의 뜻으로, 그저 '어른'의 의미일 뿐입니다. 아내와 남편 모두 서로의 부모를 '아버님'과 '어머님'으로 같이 부르면 좋지 않을까요?

○ 장인, 장모 대신 아버님, 어머님

+ 어머님, 아버님, 별일 없으시죠?

'저출산'은 아이를 적게 낳는다는 뜻인데, 이 말에서 숨겨진 주어는 여성입니다. 마치 아기를 적게 낳는 지금 상황이 오로지 여성들의 책임인 양 몰아가는 듯합니다. 이에 서울시가 '저출생'으로 바꾸자고 앞장섰습니다. '출생률'은 인구 1,000명마다 태어나는 신생아 수를 기준으로 낸 통계입니다. 출산율은 가임 여성을 기준으로 하지만, 출생률은 인구 전체를 기준으로 하므로 인구 감소 상황을 더욱 잘 드러냅니다. 저출생은 이 출생률을 토대로 '태어나는 아기가 점점 줄어드는' 현상을 말합니다.

○ 저출산 대신 저출생

＋ 저출생 대책을 하루빨리 마련해야 한다.

✕ 정상인

표준국어대사전에 따르면 '정상인'은 "상태가 특별한 변동이나 탈이 없이 제대로인 사람"입니다. 이 말이 왜 차별어일까요? 사람을 정상과 비정상으로 나누고, 비정상을 배제하는 폭력성이 담겨 있기 때문입니다. 흔히 장애인의 반대말로 '정상인'을 떠올립니다. '정상인'이라는 표현에 이미 장애인을 차별하는 의도가 들어 있기 때문입니다. '장애인'의 반대말은 '정상인'이 아닌 '비장애인'입니다. 2016년, 법제처도 법률 속 '정상인'을 '비장애인'으로 바꾸기로 했습니다.

○ 정상인 대신 비장애인

+ 그는 어려서부터 소아마비를 앓아서 다리가 비장애인처럼 튼튼하지 못하다.

× 정신분열증

정신분열증精神分裂症은 사고 장애, 현실을 왜곡해서 인지하는 현상, 정신적인 충격, 감정 충동 같은 이상 증세로 생기는 정신 질환입니다. 대개는 환청, 환시, 환촉과 같은 환각 증상을 많이 보입니다. 망상이나 격앙된 행동, 지나친 긴장으로 횡설수설 하거나 이상 행동을 보일 때도 있습니다. 사회 활동을 곤란하게 만들고 가족 관계를 악화시키는 대표적 정신장애로, 정신 분열 증상만을 강조하는 이 병명 때문에 환자와 그 가족을 더욱 기피하게 되었는지도 모르겠습니다.

이에 대한의사협회는 '조현병調絃病'으로 용어 개정을 했습니다. 현악기의 줄을 조율하면(조현) 좋은 소리가 나듯이 환자가 치료를 잘 받으면 충분히 일상으로 복귀할 수 있다는 것을 강조한 병명입니다.

병명에 쓰인 '조현'이라는 표현 덕분에 조현병도 충분히 치료하고 관리할 수 있다는 긍정적 인식이 만들어지고 있습니다. 일본도 비슷한 이유에서 '정신분열병'이던 병명을 '통합실조증^{統合失調症}'으로, 홍콩은 '사각실조^{思覺失調}'로 고쳤습니다. 이제 우리도 현악기의 줄을 함께 고르듯 새로운 병명으로 환자와 그 가족을 배려하고 존중해야겠습니다.

○ 정신분열증 대신 조현병

＋ 옆집 사람도 조현병에 걸려 가족들과 지인들이 많이 걱정하고 있다.

'정조'는 여자의 곧은 절개 또는 이성 관계에서 순결을 지니는 일을 말합니다. '순결'과 더불어, 유독 여성에게만 정조를 지켜야 한다고 강요합니다.

　이 같은 '정조'나 '순결'은 여성의 '성적 자기결정권'을 침해합니다. 성적 자기결정권은 남성뿐만 아니라 여성도 똑같이 가지는 '권리'입니다. 행복추구권 등을 규정한 〈헌법〉 제10조 "모든 국민은 인간으로서의 존엄과 가치를 가지며, 행복을 추구할 권리를 가진다. 국가는 개인이 가지는 불가침의 기본적 인권을 확인하고 이를 보장할 의무를 진다"를 근거로 합니다. 성적 자기결정권은 누구도 침범할 수 없는 권리로 보장받아야 하지요.

　더 구체적으로는 "자신의 성적 관념을 스스로 결정하고 이에 따라 성적 영역에서의 생활을 독자적으로 형성할 권리, 무엇보다도 '누구와 성관계를 가질 것인가'를 스스로 결정할 권리", 즉 "자기 결정에 의하여 자기 책임하에서 성관계를 가질 권리"입니다(전원재판부 99헌바40, 2002. 10. 31). 이러한 성적 자기결정권을 타인의 강요로 침해받을 경우에는 성폭력이 됩니다.

○ 정조 대신 성적 자기결정권

+ 전쟁 때 성적 자기결정권을 지켜 자결을 한 여자들은 열녀비를 세웠다.

✕ 집사람, 안사람, 마누라, 와이프

표준국어대사전에서는 '집사람'을 "남에게 자기 아내를 겸손하게 이르는 말"로, '안사람'은 "'아내'를 예사롭게 또는 낮추어 이르는 말"로 풀이합니다. '마누라'라는 호칭도 비슷한 맥락으로 쓰이고, '안사람'보다 더 낮추는 말이 '여편네(120쪽 참고)'입니다.

'집사람'이 겸손한 말이라고는 하지만, 바깥일은 남성이 집 밖에서 하고 여성은 집에서 가사만 전담한다는 전통적 고정관념을 고수합니다. '아내'를 낮추는 '안사람'은 더 말할 것도 없습니다.

요즘 젊은 사람들은 이러한 호칭보다는 '와이프'라는 외래어를 더 많이 씁니다. 그러나 이 또한 남편을 가리키는 '허즈번드'라는 대칭어와 함께 쓰이지는 않습니다. 그러다 보니 아내를 가볍게 이르는 말에 지나지 않게 되었습니다.

이러한 말들 대신에 '배우자'나 '아내'라고 부른다면 더 적절하겠습니다. 앞서 그 어원으로만 보면 '아내'도 크게 다르지 않다고 말했지만(269쪽 참고), '집사람'이나 '안사람'처럼 성차별 의식이 그대로 드러나지는 않으니 객관적인 지칭어로 쓸 수 있습니다.

○ 집사람, 안사람, 마누라, 와이프 대신 배우자, 아내

＋ 우리 배우자는 어릴 때부터 그림 그리기를 좋아했어.

'짱개, 짱깨, 짱께' 같은 말들은 중국인을 얕잡아 부르는 대표적 표현입니다. '짱깨'는 중국 음식점 주인을 '장궤掌櫃'라고 부르던 데서 유래합니다. 표준국어대사전은 '장궤'를 "부자라는 뜻으로 중국 사람을 속되게 이르는 말", "돈 많은 사람", "가게의 주인"으로 풀이합니다. 그 어원이 아주 비속하지 않아도 '짱깨'는 중국 음식인 자장면부터 중국, 중국인, 화교까지 속되게 비하하는 비칭으로 오래 쓰여 왔습니다. 당연히 이러한 비속어는 맥락에 따라 적절하게 순화해야 합니다.

○ 짱깨 대신 중국인, 중국 사람

\+ 중국인이 사장이라 그런지 다른 중국집보다 맛있다.

✕ 쪽발이

일본 사람을 낮잡아 '쪽발이'라고 이릅니다. 일본 사람들이 엄지발가락과 나머지 발가락들을 가르는 게다를 신는 데서 온 말입니다. '쪽파', '쪽마늘'처럼 어느 한쪽이 갈라진 것을 '쪽-'이라고 합니다. 아마도 게다 신는 방식이 그와 꼭 같아서 일본인을 경멸하는 표현이 만들어졌을 것입니다. '게다'는 일본 사람들이 신던 나막신으로 '게다짝', '왜나막신'이라고도 부릅니다. 우리가 다른 나라 사람들을 비하하면, 그들도 우리를 비하할 것입니다.

○ 쪽발이 대신 일본인, 일본 사람

\+ 독도가 일본 땅이라고 우기는 일본인들을 보면 너무 화가 나.

✕ 청소부

'청소부'는 청소하는 일을 직업으로 하는 사람을 가리키는 말입니다. 직업으로 아무 손색이 없습니다만, '청소'에 부정적인 의미를 담아서 차별어로 쓰는 사례가 많습니다.

청소하는 일을 직업으로 삼는 노동자를 영어에서는 'cleaner', 'cleaning operative'라 부르고, 우리나라에서는 '청소부', '환경미화원' 등으로 부르고 있습니다. 용역 계약상의 정식 명칭은 '청소용역노동자'입니다. 보통은 차도, 인도 등의 거리나 공공건물, 학교, 병원, 회사, 아파트 등을 청소하는 일을 맡습니다.

'간호부'가 '간호원'을 거쳐 '간호사'로 자리 잡았고, '신호수'가 '신호원'으로 바뀌어야 하는 것처럼, '청소부'의 '-부'가 직업의 격을 낮춘다고 하여 차별어로 인식하게 되었습니다. 더욱이 '청소하는 일'을 직업으로 보는 견해가 낮아 '환경미화원'이라는 말이 만들어졌습니다. 그 덕분에 지금도 널리 쓰이고 있습니다.

직업 차별어는 그 일에 종사하는 사람들의 자중감을 해치고, 그 일 자체를 소중하고 중요하게 여기지 않는 풍토를 부추기므로 꼭 고쳐야 합니다. 직업에는 귀천이 없으므로 직업명에도 차별이 없어야겠습니다.

○ 청소부 대신 환경미화원
+ 환경미화원이 낙엽을 한곳에 모으고 있다.

✕ 치매

치매는 지능, 의지, 기억 따위가 서서히, 그러다가 아예 상실되는 증상입니다. 큰골(대뇌) 신경세포의 손상 등이 이유로, 주로 노인에게 나타납니다.

그러나 뭔가를 잊은 사람에게도 "너 치매 걸렸니?"라고 쉽게 말하곤 합니다. 그런 모습을 보면 이 용어에 부정적인 의미를 담아 꼭 노인 환자한테만 쓰는 것도 아닌 듯합니다.

퇴행성 뇌 질환을 폭넓게 일컫는 '치매'는 '어리석을 치痴'와 '어리석을 매呆'를 한자어로 씁니다. 치매와 어리석음을 동일시하는 말입니다. 이 말 자체가 부정적 편견으로 치매 증상을 바라보게 하고, 환자와 그 가족에게 모멸감을 안겨 줍니다.

치매 증상은 누구에게나 찾아올 수 있습니다. 더욱이 조기 진단과 더불어 지속적인 치료와 관리가 중요합니다. 그런데도 치매라는 말이 막연한 공포심을 키워서, 모든 것을 잊고 사리 분별을 못하게 될까 봐 두려워하기만 합니다. 그러다 보니 아예 자신이 그 같은 증상을 보인다는 것 자체를 부정해 버리는 사람이 많습니다.

이에 보건복지부도 치매에 대한 인식을 개선하기 위해 용어 변경 작업을 진행해 왔습니다. 병의 증상을 쉽게 알 수 있고 차별의 의미가 없는 '인지저하증', '인지증', '인지병'으로 바꾸어 쓸 수 있습니다. 외국의 경우도 타이완은 '실지증(2001)', 일본은 '인지증(2004)', 중국은 '뇌퇴화증(2012)'으로 바꾸었습니다.

○ 치매 대신 인지저하증, 인지증, 인지병

＋ 어머니가 인지병에 걸리셔서 자주 집을 못 찾곤 하셔.

✕ 파출부

'파출부'는 보수를 받고 출퇴근을 하며 집안일을 해 주는 여자를 가리킵니다. '가정부', '파출부' 등은 모두 한자 '지어미 부婦'를 사용해 여성임을 특정하는 낱말들입니다. 그러나 꼭 여성들만 집안일을 대행하는 직업을 가지는 것은 아닙니다. 남자 가사도우미도 차츰 늘어나고 있습니다. 더불어 '남의 집안일을 해 주는 직업'이라는 인식을 더욱 높이기 위해 '가정부'와 '파출부' 모두 '가사도우미'로 바뀌었습니다.

○ 파출부 대신 가사도우미

➕ 맞벌이로 바쁜 부부는 집안일을 도와줄 가사도우미를 고용했다.

3장 무의식을 지배하는 관습적 차별어

'폐경'은 여성의 월경이 없어짐 또는 그런 상태를 말합니다. 이는 연령에 따라 여성의 몸에 일어나는, 아주 자연스러운 변화입니다. 그런데 마치 부정적인 현상인 듯 '닫(히)다, 끊다, 막(히)다, 단절되다'를 뜻하는 한자 '폐閉'가 쓰입니다. '폐쇄', '폐지', '폐관', '폐막' 등에 쓰이는 '폐'와 같습니다.

이는 여성을 출산 도구로 바라보는 것이나 다름없습니다. 더군다나 마지막 생리를 마친 여성을 이렇게 비관적인 이미지로 그린다면 자연의 순리에도 맞지 않습니다. 월경의 종료도 평생 동안 지속되는 인간의 정상적인 성장과 발달의 일부이기 때문입니다.

그래서 1990년 중반에 처음으로 '완전하다, 온전하다, 완성하다'를 뜻하는 '완完' 자를 써서 '완경完經'으로 바꾸어 쓰기 시작했습니다(국립중앙의료원 안명옥 원장). 마지막 월경이 지났다고 여성으로서의 삶을 잃어버리는 것이 아닙니다. '완경'은

내 몸이 해야 할 월경을 모두 완성하고 인생에서 가장 성숙한 시기에 도달했음을 의미하는 표현입니다.

'연륜'이라는 말이 있습니다. 이 말은 세월의 힘과 내공을 느끼게 합니다. 하루하루 나이가 든다는 것은 하루하루 세상을 보고 느끼는 지혜가 쌓이는 일입니다. 곧 우리가 하루하루 성장하고 성숙해지는 일이기도 합니다.

○ 폐경 대신 완경

+ 완경 시기는 체질, 영양 상태, 분만 횟수 등에 따라 개인차가 있다.

✕ 혼혈아

'혼혈아'는 혈통이 다른 종족 사이에서 태어난 아이라는 뜻으로 '잡종', '튀기'와 같이 인종 차별어입니다. 예로부터 우리는 배달겨레 단일 민족임을 강조해 왔습니다. 그러다 보니 우리나라에서는 이러한 인종차별 표현이 더욱 반감을 불러일으킵니다. 순혈임을 지나치게 내세우는 것 자체가 혼혈에 대한 차별로 작동합니다.

사실 지구상에 순수 단일 민족은 없습니다. 우리나라도 몽골의 지배를 100년 가까이나 받았습니다. 오죽하면 '몽골반점'이라는 말이 생겨났겠습니까? 알고 보면 우리 모두는 혼혈입니다.

그런데 '혼혈인', '혼혈아' 등은 순혈인이 그들을 자신과 다른 사람임을 구분하려고 만들어 낸 용어입니다. 혼혈인을 하나의 인격체로 보지 않고, 다른 인종들 간에 이루어진 결합의 부산물로 여기기 때문입니다.

이러한 판단하에 국립국어원은 '다문화가정 자녀', '국제결혼가정 자녀' 등으로 순화했습니다. 지금은 '다문화'라는 좋은 말까지 차별어로 작동하는 일이 많다 보니 '국제결혼가정 자녀'도 널리 쓰이고 있습니다.

○ 혼혈아 대신 다문화가정 자녀, 국제결혼가정 자녀

+ 내가 아는 동생이 다문화가정 자녀인데 그 친구한테 영어 좀 번역해 달라고 부탁할까?

다의적 차별어

4장 이도와 맥락으로 구해야 할

다의적 차별어는 비차별적 의미와 차별적 의미가 함께 있는 다의어로, 특정한 맥락에서 차별어로 규정되는 어휘들입니다. 이 경우에 차별어인지 아닌지 판단하려면 그 말이 쓰인 맥락을 살펴봐야 합니다. 이는 그 말이 나오게 된 상황(시기, 장소 등)뿐만 아니라 사회적·문화적 배경까지 들여다봐야 한다는 뜻입니다. 그 말을 한 사람이 어떤 의도를 가지고 썼느냐도 중요합니다.

이를테면 '처녀'라는 낱말을 남영신이 엮은 《보리국어바로쓰기사전》에서 찾아보면 다음과 같습니다.

처녀

① 결혼하지 아니한 성년 여자

② 숫처녀

③ 일이나 행동을 처음으로 하는 것을 가리키는 말

④ 몇몇 명사와 함께 쓰이어 아무도 손대지 아니하고 그대로임
   의 뜻을 보태는 말

이렇게 그 뜻과 함께 '처녀'가 특정한 맥락에서는 자명하게 여성을 차별하는 표현으로 쓰일 수 있음도 아울러 경계했습니다.

낱말 풀이 ③과 ④의 뜻으로 '처녀'를 사용하려면 신중해야 한다. 여성에게만 순결을 강요하는 의미가 담겨 있거나 여성을 정복의 대상으로 삼는 듯한 생각이 들어 있어 여성에 대한 성적 차별이나 편견을 조장할 수 있기 때문이다. 같은 이유로 '처녀비행, 처녀 우승, 처녀작, 처녀지, 처녀항해' 같은 말도 조심해서 사용해야 한다.

그런데 한때 한 정치인이 국정감사장에서 사용했던 '외눈'이라는 말이 화제가 된 적이 있습니다. '진실에는 눈감고 기

득권과 유착한 언론의 편향성'을 비판하기 위해 사용했던 말인데, 이 말을 차별어로 볼 것인가, 말 것인가는 참으로 애매합니다. 표준국어대사전에도 '외눈'이 다의어(① 짝을 이루지 않은 단 하나의 눈, ② 두 눈에서 한 눈을 감고 다른 한 눈으로 볼 때 뜬 눈)로 뜻풀이되어 있고, 정치인 자신도 장애인을 차별할 의도는 없었다고 분명히 밝혔기 때문입니다.

'외눈' 차별어 문제를 놓고 국어 교사 50명에게 설문한 결과, "차별어로 쓰지 않았고 발언 맥락이 이를 보증하므로 차별어가 아니다"라고 16명이 답해 32퍼센트로 제일 많았습니다. "차별어로 쓰지 않았어도 일부(특히 장애인 당사자)가 그렇게 받아들였다면 차별어다"라고 답한 사람도 8명으로 16퍼센트에 달했습니다. 그리고 28퍼센트에 이르는 14명은 "차별어인지 아닌지 논쟁이 된다면 사회적 합의가 중요하므로 더 많은 여론에 따라야 한다"라고 답했습니다. 이 세 번째 견해가 얼핏 무난해 보이지만 객관적 기준이 되기는 어렵습니다.

사실 거의 모든 낱말이 다의어입니다. 차별 의도를 가진 어휘는 순화해야 하지만, 모든 어휘를 차별어로 규정하거나 일부 사전적 의미를 과도하게 생각한다면 자연스러운 어휘 발달을 방해할 수 있습니다. 남녀평등 등의 제한된 관점에서 문맥이나 맥락을 배제한 채 기계적으로 차별어로 규정하고 수정하는 것도 자연스러운 언어문화를 저해합니다. 이 역시 상대를 공격하기 위한 의도적 처사이자 부자연스러운 의사소통일 수 있기 때문입니다. 그래서 다의적 차별어는 반드시 다의성과 실제로 쓰인 구체적 문맥이나 사회문화적 맥락을 합리적인 판단 기준으로 삼아야 합니다.

다의적 차별어	
· 가족, 이웃 관련 차별어	결손가정, 결혼이주여성·여성 결혼 이민자, 다문화가정, 동남아 노동자, 탈북인·탈북자·새터민
· 여성, 성소수자 관련 차별어	게이, 꽃뱀, 동성애자, 레즈·레즈비언, 바이, 변태 성욕자, 암탉, 처녀, 흑진주
· 외모, 장애 관련 차별어	꺽다리, 외눈
· 인종, 출신 관련 차별어	베트콩, 아메리칸인디언, 에스키모, 유색인, 조선족, 코시안
· 기타	오타쿠

✕ 게이

'게이'는 동성 간의 사랑을 하는 사람을 가리킵니다. 전 세계에 통용되는 용어로 낱말 자체에는 차별적 의미가 없지만, 종종 차별어로 사용됩니다.

이를테면 멕시코의 한 방송 프로그램에서 진행자들이 세계적인 한류 스타인 방탄소년단을 두고 한 발언이 크게 논란을 일으킨 적이 있습니다. "게이 클럽에서 일하는 것 같다, 멤버들 모두 여자처럼 보이는데 진짜 남자가 맞냐"라고 했던 것입니다. 이 같은 맥락에서는 '게이'가 차별어로 작동합니다.

한국어에서 여자처럼 곱고 예쁘게 생긴 남성을 '기생오라비'라고 낮잡듯이, '게이'에는 여성스러워 보이는 남성을 부정적으로 바라보는 시각이 반영되기도 합니다. 그러할 때는 성소수자는 물론 여성 차별까지 복합적으로 드러냅니다. 그러나 다양한 성 정체성을 당당하게 드러내는 맥락에서는 당연히 차별어가 아닙니다.

다만 실제 우리 사회에서는 '게이' 같은 성소수자를 가리키는 말들이 결코 호감을 느끼는 상황에서 사용되지 않아 안타깝습니다. 성 정체성을 드러내는 상황보다는 색안경을 끼고 성소수자를 바라보는 상황에서 더 많이 언급되기 때문입니다. 선입견 없이 성소수자를 대하는 우리의 자세가 먼저입니다. 다양성을 존중하고 인정받는 사회가 될 때 비로소 더욱 성숙한 사회로 들어설 것입니다.

○ 게이 대신 차별적 의미로는 사용하지 않기
＋ 그가 게이라고 말했을 때 가족들 모두가 그의 고백을 지지했다.

× 결손가정

가족의 형태가 아주 다양해졌는데도 양쪽 부모가 있는 경우는 정상, 그렇지 않은 경우는 비정상으로 보는 관점에서 나온 말들이 가족 차별어입니다. 표준국어대사전에 '결손가정'은 "부모의 한쪽 또는 양쪽이 죽거나 이혼하거나 따로 살아서 미성년인 자녀를 제대로 돌보지 못하는 가정"으로 풀이되어 있습니다. 그러나 부모 중 어느 한쪽이 없는 '한부모가정'이나 부모 모두 없이 할아버지나 할머니와 같이 사는 '조손가정'이라고 잘못된 것도, 불완전한 것도 아닙니다.

○ 결손가정 대신 한부모가정, 조손가정
＋ 국내 한부모가정을 위한 정책적 개선이 시급하다.

✕ 결혼이주여성, 여성 결혼 이민자

'결혼이주여성', '여성 결혼 이민자'는 한국 남자와 결혼해 본래 살던 국가를 떠나 한국에서 살고 있는 여성을 가리킵니다. 이러한 표현을 일반적인 국제결혼에서는 쓰지 않고, 주로 동남아시아 나라들에서 국제결혼중개업소의 소개로 온 여성들에게만 쓰면 차별어가 됩니다. 국제결혼중개 광고에서 그러한 여성들을 상품화하며 인종차별을 하는 경우가 많고, 그들을 '결혼이주여성', '여성 결혼 이민자'라고 지칭하면서 차별적 의미가 더욱 담기게 되었습니다. '○○나라 여성'으로 쓰면 자연스럽고 좋습니다.

○ 결혼이주여성, 여성 결혼 이민자 대신 ○○나라 여성

+ 나의 먼 친척은 말레이시아 여성과 결혼했다.

4장 의도와 맥락으로 구분해야 할 다의적 차별어

× 껵다리

'껵다리'는 키가 큰 사람을 놀림조로 이르는 말입니다. 키 큰 사람을 가리키는 '껑충이', '전봇대', '키다리' 등도 모두 놀리는 말입니다. "젊어서는 꺽다리라고 불렸다지만 지금은 오그라들어 오히려 아리잠직한 몸집이다(한무숙, 〈생인손〉)." 이 작품에서 처럼 객관적 기술에 쓰일 때는 괜찮지만, 직접 누군가를 이렇게 가리킬 때는 차별어가 됩니다.

○ 껵다리 대신 <u>키 큰 사람</u>

+ 그 키 큰 사람은 잘 지내니?

'꽃뱀'은 금품을 뜯어낼 목적으로 남자에게 의도적으로 접근해 유혹하는 여자를 속되게 이르는 말입니다. 일반 사람들에게 '꽃뱀'은 아름다운 외모로 남자를 유혹해서 남자의 가족과 주변 지인들에게 알리겠다며 협박해, 돈이나 이득을 취하는 여자로 인식되어 있습니다. 요즘에는 아예 거짓으로 성범죄 신고를 해서 합의금이나 보상금을 챙겨 가는 사람들도 꽃뱀이라고 지칭합니다.

본래 꽃뱀은 전신에 꽃이 핀 것처럼 알록달록한 무늬가 있는 유혈목이를 가리킵니다. 신경독을 가지고 있는 이 독사에게 물리면 근육이 경직되고 호흡이 곤란해집니다. 전신 내 출혈이 일어나며 심하면 사망에 이르기도 합니다.

이와 같이 무서운 뱀의 특징을 이입해 여성을, 자기 몸을 이용해 경제적 이득을 누리며 때로는 상대 남성을 함정에 빠뜨리는 존재라고 인식하게 하는 말이 '꽃뱀'입니다. '꽃뱀'보다는 '접근녀'라는 표현이 좀 더 중립적입니다. 그러나 '꽃뱀'은 보통 여성을 가리키지만 '남자 꽃뱀'도 있습니다. 그렇다면 더 나아가 '접근녀'보다는 '연애 사기꾼'이라는 말이 더욱 적절하지 않을까요.

○ 꽃뱀 대신 접근녀, 연애 사기꾼

＋ 접근녀가 의도적으로 접근하여 남자를 단번에 유혹했다.

× 다문화가정

'다문화'는 원래 한 사회 안에서 여러 민족이나 여러 국가의 문화가 함께 어우러지는 것을 의미합니다. 그러니까 여러 문화의 다채로운 공존을 인정하고 존중하자는 따뜻한 배려에서 나온 말입니다.

그러나 한국 사회는 이렇게 따스한 말까지 차별어로 만들어 버렸습니다. 다름만 강조했기 때문입니다. '같음'은 전제하지 않고 '다름'만 강조하는 것 자체가 바로 차별이고 왕따입니다.

그러니까 이런 식입니다. "네가 다르게 생긴 것은 인정해. 그러니까 너는 너대로 놀아. 같이 놀 수는 없어." 다름을 존중하며 같이 어울리는 진정한 배려가 절실합니다.

본래 '다문화'는 인종, 민족, 소수집단 등 서로 다른 문화들의 가치를 인정하고 유연하게 받아들이자는 '다문화주의'에 뿌리를 둔 긍정적 학술어였습니다. 그런데 우리나라에서 〈다문화가족지원법〉이 제정되면서 '다문화'는 국제결혼가족들이나 결혼 이민자 가족들과 그 아이들을 구분해 부르는 말로 완전히 바뀌고 말았습니다.

그렇다면 이제 '다문화'라는 말까지 버려야 할까요? 한국이라는 나라 자체가 이미 다문화사회로 들어선 지 오래인데 도대체 무엇을 버린다는 말입니까? 다만 개별적인 맥락에서 '다문화가정'을 '국제결혼가정'이라고 부르자는 목소리는 받아들일 만합니다.

○ 다문화가정보다 국제결혼가정

＋ 국제결혼가정 아이들을 위한 교류 프로그램이 마련되어 있다.

× 동남아 노동자

'동남아 노동자'는 동남아시아에서 한국으로 일자리를 찾아온 노동자들을 일컫습니다. 동남아시아 국가들은 동남아시아국가연합ASEAN을 결성했습니다. 현재 가맹국으로는 타이, 인도네시아, 말레이시아, 필리핀, 싱가포르, 브루나이, 라오스, 캄보디아, 베트남, 미얀마가 있습니다. 이러한 지역적 특수성을 드러내려고 '동남아'를 사용하면 차별어가 아니지만, 한국에서 '노동자'와 결합한 '동남아 노동자'는 지역적 편견과 차별을 전제로 합니다. '이주 노동자'나 '외국인 노동자'로 부르는 것이 좋습니다.

○ 동남아 노동자 대신 이주 노동자, 외국인 노동자
＋ 우리 농장에는 외국인 노동자들이 많이 있다.

× 동성애자

남자끼리 또는 여자끼리, 같은 성 사이의 사랑을 '동성애'라 부르고, 그러한 사랑을 하고 있는 사람을 '동성애자'라고 합니다. 자신과 같은 성별에 느끼는 정서적 끌림이나 성적 끌림을 모두 '동성애'라 통칭합니다.

본래 '동성애'는 부정적인 표현이라 할 수 없지만, 동성애를 금기시하는 사회 분위기가 이 말을 차별어로 분류하게끔 만들었습니다. 대개 여성 동성애자는 '레즈비언lesbian'으로, 남성 동성애자는 '게이gay'로 지칭되며, 영어권에서는 성별과 무관하게 게이로 통칭하기도 합니다. 성소수자는 성 다수자처럼 어디에나 있을 수 있으므로 이러한 부름말 지침을 잘 따르는 것이 중요합니다.

한 사람이 특정한 성적 지향을 가지게 되는 원인은 무엇일까요. 그것에 대한 학자들의 의견은 다양하며 공식적인 합의에 이르지 못했습니다. 동성애자 인권 운동가들은 이렇듯 동성애의 원인을 설명하려는 시도 자체가 동성애를 비정상적인 것으로 바라보는 시각에서 출발한다고 비판합니다. 세계적으로 동성애에 관한 사회적 인식이 변화했습니다. 거기에서 더 나아가, 동성애자의 가족 구성권 보호를 실천하기 위해 동성 간의 결혼을 법제화하는 나라들이 늘고 있습니다.

사실 이러한 문제는 법보다 사회적인 인식이 더 중요할지 모릅니다. 법도 사회적인 인식을 바꾸기 위한 하나의 수단입니다. 주류가 아니라고 해서 차별한다면 그 화살은 모두에게 돌아올 것입니다. 여성을 차별하는 가부장 이데올로기 때문에 남성도 같이 피해를 보는 것과 마찬가지입니다. 주류와 비주류라는 경계 자체를 없애야 합니다.

○ 동성애자보다 성소수자

+ 최근 들어 성소수자의 권리를 합법적으로 인정하는 국가가 늘고 있다.

× 레즈, 레즈비언

'레즈비언', 그 줄임말 '레즈'는 여성 동성애자를 가리킵니다. 고대에 여성의 동성애가 성행했다는 에게해의 레스보스섬과 관련지어 붙여진 이름입니다. 여성 동성애자를 지칭하는 용어 자체는 문제가 없지만, 성소수자를 차별하는 의미를 담아 사용될 때가 있습니다. "어머어머! 저 애가 레즈비언이래"라는 식으로 이상하게 생각하거나 조롱하는 듯한 말이 그렇습니다. 레즈비언에 대한 편견으로 상대의 성적 취향과 무관하게 '레즈' 같다고 하면, 레즈비언을 비하하는 것이나 다름없습니다.

○ 레즈, 레즈비언 대신 <u>차별적 의미로는 사용하지 않기</u>

＋ 저 여자애는 머리가 너무 짧은 것 같아.

'둘'을 의미하는 접두사 'bi-'를 붙인 '바이섹슈얼리티bisexuality'
는 여성과 남성 모두에게 느끼는 정서적 끌림이나 성적 끌림,
즉 양성애를 의미합니다. 그리고 이런 끌림을 느끼는 사람을
'바이섹슈얼bisexual'이라 하는데 줄여서 '바이bi'라고도 부릅니
다. '바이'도 '양성애'도 인간을 여성과 남성으로만 분류하는 근
대적 성별 이분법을 바탕으로 합니다. 이를 비판하는 흐름 속
에서 최근에는 '둘 이상의 성별에 대한 끌림, 혹은 모든 성별에
대한 끌림'으로 재정의하기도 합니다.

○ 바이 대신 맥락에 따라 성소수자

＋ 그는 이제 보니 성소수자였던 것 같아.

× 베트콩

'베트콩'은 사전적으로는 베트남 공산주의자라는 뜻으로, '남베트남 민족해방전선'을 일상적으로 이르는 말입니다. 즉 베트남의 게릴라 공산주의 군사 조직을 지칭합니다. 하지만 이 말은 베트남전쟁 당시부터 키가 작고 피부가 검은 편인 동남아시아인을 통칭하는 차별어로 쓰였습니다. 월남전의 영향으로 우리나라에서는 반감과 거부감이 강하게 느껴지는 '베트콩'을 베트남 사람들, 더 나아가 동남아시아 사람들 전체를 대상으로 사용하고 있습니다. 이는 관련된 모든 사람들에게 차별적이고 모욕적인 언사가 될 수 있습니다.

○ 베트콩 대신 베트남인, 동남아시아인
+ 그 쌀국수집은 베트남인이 직접 운영한다.

× 변태성욕자

'변태'의 기본뜻은 '본래의 형태가 변하여 달라짐 또는 그런 상태'입니다. 동물과 식물의 성장 과정에서 그 형태를 크게 바꾸어 성체로 거듭나는 것을 가리키기도 합니다. 나비가 애벌레에서 번데기를 거쳐 우아한 나비로 변신하는 과정을 떠올리면 이해하기 쉽습니다.

그런데 '변태'는 '정상이 아닌 상태로 달라짐 또는 그런 상태'도 의미하게 되었습니다. 이러한 의미에서 사람의 경우에는 '정상이 아닌 성욕이나 그로 인한 행위 또는 그 성욕을 가졌거나 그 행위를 하는 사람'을 가리킵니다. 비정상이라고 생각되는 성적 기호를 가리키는 '변태성욕(자)', '이상성욕(자)' 등과 비슷한 말로 통용되기에 이르렀습니다.

그러나 '변태'는 상대적인 측면이 강합니다. 일단 정상과 비정상이라는 성적 기호의 기준이 모호합니다. 그뿐만 아니라 이성애자 중에도 있을 수 있는데 주로 성소수자들에게 굴레를 지우듯 그들을 변태성욕자라고 규정합니다.

자신의 성적 지향과 다른 사람이라고 해서 모두가 변태성욕자는 아닙니다. 일종의 특이 취향을 가진 '특이성욕자'라고 볼 수 있습니다.

○ 변태성욕자 대신 특이성욕자

＋ 동성애자라고 해서 변태성욕자는 아니야. 특이성욕자일 뿐이지.

✕ 아메리칸인디언

'아메리칸인디언'은 아메리카 대륙의 원주민을 통틀어 이르는 말입니다. 크리스토퍼 콜럼버스가 아메리카 대륙을 처음 발견하고 동양의 인도라고 잘못 생각해 원주민을 '인디오Indio'라고 불러서 유래됐습니다. 나중에 본래 인도인과 구별하기 위해 아메리카의 인도인, 즉 '아메리칸인디언'이라 부르게 되었습니다. 철저히 콜럼버스와 같은 유럽 이주민들의 시각으로 붙인 이름이므로 '미국 원주민', '아메리카 원주민'이라고 해야 합니다.

○ 아메리칸인디언 대신 <u>미국 원주민, 아메리카 원주민</u>
+ 바비큐는 미국 원주민들이 화덕에 굽는 야외 고기 요리에서 발전한 요리이다.

'암탉'은 뜻만 보면 '닭의 암컷'을 의미하지만, 종종 여성에 대한 차별어로 사용되어 왔습니다. 성차별 관용 표현으로 "암탉이 울면 집안이 망한다"라는 속담이 1위로 꼽히기도 했습니다.

표준국어대사전에 따르면 이 속담은 '가정에서 아내가 남편을 제쳐 놓은 채 떠들고 간섭하면 집안일이 잘 안된다'라는 의미를 가지고 있습니다. 여성의 발언권과 적극적인 활동에 상당한 제약을 가하는 표현입니다. 비슷한 뜻으로 쓰이는 "암탉이 울어 날 샌 일 없다"라는 속담도 있습니다.

닭은 날이 밝으면 어김없이 웁니다. 암탉은 '꼬꼬' 하고 평이하게 울지만, 수탉은 '꼬끼오' 하고 우렁차게 우는 습성이 있습니다. 그런데 미신에서 암탉이 '꼬끼오' 하고 크게 울면 이를 불길한 징조로 보아 "암탉이 울면 집안이 망한다"라는 속담이 유래했습니다. 중국에서 기원했지만, 가부장제가 심하던 조선 양반 사회에서 주로 여성의 입을 막는 용도로 자주 쓰였습니다. 이 같은 여성 차별은 전근대사회가 낳은 아주 나쁜 병폐입니다. 탈근대를 지향하는 지금까지 그 흔적이 고스란히 남아 있는 표현을 써서는 안 됩니다.

○ 암탉 대신 여성을 가리키는 말로는 사용하지 않기

\+ 여성이 웃으면 집안이 화목하다.

✕ 에스키모

'에스키모'는 북극, 캐나다, 그린란드, 시베리아의 북극 지방에 사는 인종을 가리킵니다. 에스키모라는 낱말 자체에 인종차별의 의미가 들어 있습니다. 문헌학자들의 의견은 조금 다르지만, 에스키모는 '날고기를 먹는 사람들'이라는 뜻으로 받아들여져 이누이트들을 야만적으로 비하하는 말로 쓰입니다. 이 때문에 캐나다와 그린란드의 에스키모들은 '사람'이라는 뜻의 '이누이트'라고 불러 주기를 바랍니다.

○ 에스키모 대신 이누이트

+ 이누이트들이 사는 얼음집은 곰이 올라가도 무너지지 않을 만큼 튼튼하다.

'오타쿠'는 한 분야에 마니아나 전문가 이상으로 빠져든 사람을 가리킵니다. 이 말은 상대 또는 남의 집을 높여 부르는 일본어 '귀댁お宅, おたく'에서 유래했습니다. 1970년대부터 만화나 애니메이션, 게임, 컴퓨터, 비디오 등과 관련된 취미에 몰두한 일본 사람들이 만든 동호회에서 이 말이 시작됐습니다. 동호회원끼리 서로 예의를 지키고 존중하는 취지로 상대를 '오타구'라 불렀고, 그때부터 널리 쓰이기 시작했다고 합니다.

초기에는 '자신이 좋아하는 애니메이션 같은 특정 취미나 물건에 깊은 관심을 가지고 있으나, 다른 분야의 지식은 현저히 부족하고 사교성이 결여된 사람'이라는 부정적 뜻으로 쓰였습니다. 그러나 1990년대 이후부터 그 의미가 점차 확대되어 '특정 취미에 아주 강한 사람', 단순 팬이나 마니아 수준을 넘어선 '특정 분야의 전문가'라는 긍정적 의미를 포괄하게 되었습니다. 한국에도 '오타쿠'라는 말이 들어왔고 '오덕후', 그 줄임말인 '덕후'로 변형되어 활발하게 쓰이고 있습니다.

비슷한 우리말로는 한 가지 일에 광적으로 몰두하는 사람을 의미하는 '-광狂'이라는 접미사가 있습니다. 낚시광, 바둑광, 골프광, 독서광 등을 예로 들 수 있습니다. '애호가'라는 표현도 좋습니다.

○ 오타쿠 대신 애호가, -광

＋ 그는 만화란 만화는 모두 섭렵한 만화 애호가이다.

× 외눈

'외눈'은 구별어인지 차별어인지 맥락을 보고 잘 판단해야 합니다. "외눈 도깨비"처럼 '짝을 이루지 않은 단 하나의 눈', 혹은 "외눈으로 목표물을 겨누다"처럼 '두 눈에서 한 눈을 감고 다른 한 눈으로 볼 때 뜬 눈'을 가리킬 때는 구별어이지 차별어가 아닙니다. 그러나 이 '외눈'을 부정적인 의미로 쓴다면 차별어가 됩니다.

곧 '외눈'으로 양 눈보다 가치가 덜한 것, 편향적인 것을 비유하는 경우가 그렇습니다. '외눈'이 특정 시각장애인을 비하하는 표현으로 흔히 사용된다면 사회적 맥락 속에서는 차별어로 작동합니다. 설령 그런 의도로 사용한 것이 아니라고 주장하더라도 말입니다.

그 때문에 앞에서 이야기한 한 정치인의 외눈 비유 논란도 불거진 것입니다. 그에게는 별 의도가 없었더라도, 세상을 객관적으로 보지 못하고 편견에 갇혀 왜곡된 시선으로 보는 사람을 뜻하는 부정적 맥락에서 '외눈'이 거론됐습니다. 시각장애인들이 자신들을 비하하고 차별했다고 충분히 받아들일 수 있습니다.

그래서 단 한마디라도 내가 대수롭지 않게 던지는 말에 누군가 상처를 받고 있지 않은지 항상 민감하게 살펴야 합니다.

○ 외눈 대신 편향적 시각

\+ 편향적 시각으로 보도하면 사실이 왜곡될 수 있으므로 공정한 시각으로 보도하는 자세가 중요하다.

✕ 유색인

'유색인'은 황색, 동색, 흑색 등의 피부를 가진 사람을 뜻합니다. 백색인종을 제외한 모든 인종을 이르는 말이지요. 일반적으로 유색인이라고 하면 서양인의 기준과 시각에서 보아 피부색이나 이목구비가 다른 인종을 의미합니다. 본래는 과거 백인 우월주의자들이 서유럽과 북유럽 백인 외의 인종을 배척하고 열등한 존재로 묘사하기 위해 사용한 개념이기도 합니다. 백색도 색이니 이 말 자체가 모순이지만, '백인'을 깨끗한 사람으로 동경하는 이들이 많다 보니 '유색인'이 차별어가 되었습니다.

○ 유색인 대신 백인이 아닌 사람
+ 백인이 아닌 사람을 차별하는 정책은 폐지해야 한다.

✕ 조선족

'조선족'은 중국 한족들이 중국 국적의 한국 동포를 부르는 명칭입니다. 중국의 공식 용어를 우리가 그대로 사용하다니 분명 문제입니다. 더욱이 미국이나 유럽 등에 사는 동포들은 다른 별칭 없이 그냥 '동포'라고 하니, 상대적인 차별어로 작동합니다.

　물론 '조선족'은 다른 나라의 동포와는 다른 역사를 고려한 명칭이기는 합니다. 하지만 바로 그 역사적인 배경을 지나치게 강조하다 보니 오히려 중국 동포에 대한 편견을 조장하는 차별어가 되어 버렸습니다. 일부 중국 동포들은 같은 겨레라고 하면서 차별하느냐며 차라리 중국인으로 대해 달라고도 합니다.

　그렇다면 유독 중국에 사는 동포만 '조선족'이라고 부를 필요가 없으므로, '중국 동포' 또는 '재중 동포'라고 부르는 것이 마땅합니다. 그렇게 본다면 '조선족'만 실어 놓은 표준국어대사전보다 '조선족'과 더불어 '중국 동포', '재중 동포'를 "중국으로 건너가서 중국 국민으로 살고 있는 한민족"이라고 실어 놓은 다음국어사전이 더 합리적입니다. 중국 동포들이 처한 역사적인 상황을 이해하되, 모든 재외 동포를 존중하는 태도가 중요함을 일깨워 줍니다.

○ 조선족 대신 중국 동포, 재중 동포
+ 내일 우리가 갈 곳은 중국 동포가 운영하는 중국 현지 맛집이다.

× 처녀

'처녀'는 '결혼하지 않은 성년 여자'라는 생물학적, 사회적 사실을 나타내는 뜻으로는 차별어가 아닙니다. 그러나 맥락상 '남자와 성적 관계가 한 번도 없는 여자'라는 뜻으로 써서 여성에게만 순결을 강요하면 차별어가 됩니다. '일이나 행동을 처음으로 하는 것'을 가리키는 의미를 담아 여성을 정복의 대상으로 삼는 듯한 말을 쓴다면 이 또한 차별어입니다. '처녀비행', '처녀항해', '처녀작', '처녀지', '처녀 출전', '처녀 우승' 등을 그 예로 들 수 있습니다. 이러한 말들이 여성에 대한 성적 차별이나 편견을 조장합니다.

○ 처녀 대신 첫 ○○

\+ 김 선장은 이번 대서양 항해가 첫 항해였다지?

× 코시안

'코시안Kosian'은 '한국인Korean+아시아인Asian'의 합성어로, 한국인 아버지와 아시아인 어머니, 한국인 어머니와 아시아인 아버지 사이에서 태어난 한국인 2세를 일컫습니다. 겉모습으로는 한국인과 구별하기 어려운 일본, 타이완, 중국계 2세는 여기에 포함되지 않습니다. 아주 조잡하게 합성한 이 콩글리시는 저학력 동남아시아계 아동을 지칭하는 대명사나 다름없이 사용하기 때문에 차별어이자 금기어입니다.

○ 코시안 대신 다문화가정 아동, 국제결혼가정 아동

＋ 국제결혼가정 아동의 학업 성취 저하는 결국 가난으로 이어질 수밖에 없다.

✕ 탈북인, 탈북자, 새터민

'탈북인', '탈북자'는 북한을 탈출한 사람을 가리킵니다. 이 말이 연상시키는 부정적 이미지 때문에 새로 만든 말이 '새터민'입니다.

'새터민'은 북한을 탈출해 한국에 정착한 사람들을 배려하고자 새로 만든 용어입니다. 하지만 이는 '다문화'라는 말과 함께 '우리와는 다른 그들'로 고립시키는 말입니다. 우리와 그들의 같은 점은 인정하지 않은 채 다른 점만 강조하면, 그들을 존중하기보다 배제하는 것이나 다를 바 없습니다.

더욱이 '새터민'은 '새로운 터전에서 삶의 희망을 가지고 사는 사람'이라는 좋은 뜻이지만, 탈북자들의 의견과 상관없이 북한을 자극하는 정치색이 없는 표현이라고 통일부가 선정한 용어였습니다. 탈북자들은 통일부의 일방적 선택에 반발했습니다. 북한의 폭압을 거부하고 자유를 찾아 그 땅을 탈출했다는 자신들의 정체성이 사라진 용어라는 이유에서입니다.

이에 통일부에서는 2008년에 '새터민' 대신에 '북한이탈
주민'이라고 쓰기로 했습니다. 〈북한이탈주민의 보호 및 정착
지원에 관한 법률〉에서 북한이탈주민은 "북한에 주소, 직계가
족, 배우자, 직장 등을 두고 있는 사람으로서 북한을 벗어난 후
외국의 국적을 취득하지 아니한 사람"으로 정의됩니다.

○ 탈북인, 탈북자, 새터민 대신 **북한이탈주민**

+ 북한이탈주민에게 온 국민이 동포애를 가지고 관심을
기울여야 한다.

4장 의도와 맥락으로 구분해야 할 다의적 차별어

✕ 흑진주

'흑진주'는 검은빛의 아름다운 진주를 가리킵니다. 한편 어두운 피부나 갈색 피부를 가진 아름다운 여성, 미모의 흑인 여성에게 꼭 따라붙는 상투적인 별명이기도 합니다. '흑진주'를 넣어 뉴스를 검색해 보면 이 비유를 어느 정도로 남발하는지 실감할 수 있습니다.

특히 흑인 여성 모델, 배우, 가수, 운동선수를 비롯해 유명한 흑인 여성 명사들을 소개할 때면 습관적으로 흑진주에 비유하곤 합니다. 그런데 진주가 아무리 아름답고 우아한 광택을 자랑한다고 해도, 그중에서도 흑진주가 유독 사랑받는다고 해도, 그들을 흑진주에 비유한다면 좋은 의도를 무색하게 만드는 꼴입니다. 그들의 뛰어난 재능과 성과보다 불필요하게 '흑'으로 피부색부터 강조하고, '진주'로 여성임을 부각합니다. 일상적으로 사용하기에 적합하지 않은 비유입니다.

어두운 피부를 가진 여성의 아름다운 외모 자체를 언급하고 싶다고 해도 '흑진주'라는 비유에 스며든 인종차별과 성별 편견을 감안한다면 신중해져야겠습니다. 맥락에 따라 '매력적인 검은 피부' 등으로 표현할 수 있습니다.

○ 흑진주 대신 매력적인 검은 피부

\+ 브라질에서 매력적인 검은 피부의 아름다운 여성을 보고 반했다.

차별어 없는 세상,
차별받지 않을 권리

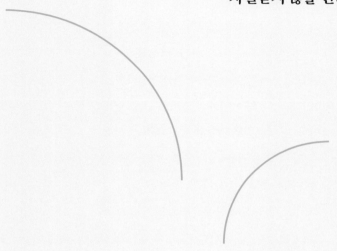

유엔 세계인권선언 제2조는 "모든 사람은 인종, 피부색, 성, 언어, 종교, 정치적 의견이나 기타 의견, 출신 국가나 사회, 재산, 출생 신분이나 기타 신분 등 어떤 이유로도 차별받지 않으며, 이 선언에 나와 있는 모든 권리와 자유를 누릴 자격이 있다"라고 선언합니다.

그중에서도 언어는 우리의 사고방식과 행동 양식을 이루어 삶에 깊은 영향을 미칩니다. 특히 타인을 비하하고 배제하는 차별어는 노골적이든 그렇지 않든 말하는 사람에게도, 듣는 사람에게도 알게 모르게 어두운 그림자를 남깁니다. 차별어는 언어폭력이기 때문입니다.

차별어는 당연히 의도적으로 써서는 안 되지만, 내가 무심코 던진 차별어도 남에게만 상처를 주는 것으로 끝나지 않습니다. 그 상처는 고스란히 차별어를 쓴 사람의 심장에 되박입니다. 더욱이 차별어는 단지 그 말을 내뱉고 들은 사람에게 악영향을 미치는 개인의 차원에 머무르지 않습니다. 공적으로도 공동체의 믿음과 아름다운 가치를 무너뜨리거나 좀먹는 구실을 합니다. 우리 모두에게 상처를 입히는 말이니 어찌 이를 의식적이든 무의식적이든 쓸 수 있겠습니까?

우리 모두에게는 차별어를 듣지도 말하지도 않을 권리와 의무가 있습니다. 너도나도 유행처럼 쓰는 말이라고 해도 그 말을 듣고 불쾌하게 언짢아지는 사람이 한 명이라도 있다면, 그 말을 쓰지 않거나 고쳐 쓰도록 세심하게 주의를 기울여야 합니다. 따뜻하고 다정한 말은 누구에게도 칼이 되지 않습니다. 차별어를 쓰는 순간 그 대상뿐만 아니라 자신도 차별받는 사람이 된다는 사실을 늘 기억해야 합니다.

- 권순구(2007). 언어 표현과 인식에 있어서의 남녀 차이: 보조용언의 사용을 중심으로.《인문학연구》34-3. 충남대학교 인문과학연구소. 7-30쪽.

- 권영문(1996). 언어에서의 성의 차별과 그 해소.《동서문화》28. 계명대학교 인문과학연구소. 287-306쪽.

- 김미형(2023).《차별어의 발견》. 사람in.

- 김수아(2017). 사회적 관점에서 본 한국어의 혐오, 차별 표현: 사회적 소수자에 대한 혐오, 차별 표현의 문제와 개선 방안.《새국어생활》27권 3호(가을호). 국립국어원. 49-63쪽.

- 김슬옹(2021). '여학교'를 없앨 수 있을까?—성차별어 순화의 성과와 한계.《오마이뉴스》2021. 9. 7.

- 김슬옹(2021). 차별어의 특성별 분류에 따른 차별어 판별 기준 연구.《공공언어학》6호. 한국공공언어학회. 47-79쪽.

- 김주연(2004). 한국 여자 유도에 관한 신문 기사의 내용 분석: 1970년대부터 1990년대까지의 성차별적 표현을 중심으로. 《한국체육학회지》 43-3. 한국체육학회. 3-14쪽.

- 김지혜(2019). 《선량한 차별주의자》. 창비.

- 김형배(2007). 한국어의 불평등한 언어문화에 관한 연구: 방송 언어를 대상으로. 《한민족문화연구》 20. 157-186쪽.

- 데버러 헬먼/김대근 옮김(2016). 《차별이란 무엇인가─차별은 언제 나쁘고 언제 그렇지 않은가》. 서해문집.

- 박동근(2010). 공공 언어의 차별적 표현에 차별 의식 연구. 《입법정책》 4-1. 57-88쪽.

- 박수미·정기선·김혜숙·박건(2004). 《차별에 대한 국민 의식 및 수용성 연구》. 한국여성개발연구원.

- 박은하(2008). 텔레비전 광고에 나타난 성차이어와 성차별어 연구. 대구대학교 대학원 박사 학위 논문.

- 박은하(2009). 한국 전래 동화에 표현된 성차별 언어. 《아시아여성연구》 48-1. 숙명여자대학교 아시아여성연구소. 7-29쪽.

- 박정일(2004). 《차별어의 언어학적 연구》. 부산외국어대학교 출판부.

- 박지원(2017). 법률적 관점에서 본 한국어의 혐오, 차별 표현: 입법적 규제의 필요성.《새국어생활》27권 3호(가을호). 국립국어원. 33-47쪽.

- 박혜경(2009). 차별적 언어 표현에 대한 비판적 국어 인식 교육 연구. 서울대학교 대학원 석사 학위 논문.

- 서울시립대학교 산학협력단(2020). 서울시 혐오 표현 예방을 위한 용역 결과보고서. 서울특별시.

- 소준섭(2021). 국회가 파행됐다? 이 말 사용하지 말아야 한다—'파跛'는 '절름발이'라는 뜻으로 차별 언어.《오마이뉴스》2021. 2. 20.

- 신지영(2021).《언어의 높이뛰기》. 인플루엔셜.

- 오마이뉴스·세종국어문화원(2020). '벙어리장갑'이 차별어라는데, 뭐라고 부르죠?(슬기로운 말글살이 23회).《오마이뉴스》2020. 10. 20.

- 윤운영(1997). 언어에서의 성차별적 표현.《여성연구논집》8. 105-119쪽.

- 이건범(2018).《언어는 인권이다》. 피어나.

- 이관희·조진수·박재현(2016). 장애 차별 표현의 국어 교과서 제시 방안.《화법연구》33. 한국화법학회. 127-164쪽.

- 이상기·이정민(2020). 기자다움에 대한 반문: 기레기.《지역과 커뮤니케이션》24권 3호. 한국지역언론학회. 124-148쪽.

- 이정복(2007). 한국어 사전에 나타난 성차별 언어 연구.《한국어학》34. 한국어학회. 257-300쪽.

- 이정복(2017). 한국어와 한국 사회의 혐오, 차별 표현.《새국어생활》27권 3호(가을호). 국립국어원. 9-31쪽.

- 이정복(2022).《한국 사회의 차별 언어》. 소통.

- 이준일(2007).《차별금지법》. 고려대학교출판문화원.

- 이춘아·김이선(1996). 성차별적 언어 사용에 관한 연구(1)(연구보고서 No. 200-17). 한국여성정책연구원.

- 이화연·권인숙(2009). 중학교 영어 교과서 대화문의 젠더적 분석.《여성학논집》26-2. 이화여자대학교 한국여성연구원. 187-219쪽.

- 임영철·이길용(2008). 사회적 의사소통 연구; 장애인 차별 언어의 양태에 관한 연구. 국립국어원.

- 전성민(2021). 나도 '결정장애'?…습관처럼 쓴 이 말, 누군가에겐 큰 상처.《아주경제》2021. 7. 26.

- 전성민(2023). '파행跛行'의 원래 의미를 아시나요?…무심코 쓰는 우리 주변 차별어.《아주경제》2023. 8. 28.

- 제민경(2017). 교육적 관점에서 본 혐오, 차별 표현—담화 공동체에서 차

별 없는 언어란 무엇인가.《새국어생활》27권 3호(가을호). 국립국어원. 65-77쪽.

- 제민경·박진희·박재현(2016). 성차별적 표현에 대한 언어 인식 교육 방향 탐색.《국어국문학》175. 국어국문학회. 79-114쪽.

- 조태린(2011). 차별적 언어 표현과 사회 갈등의 문제.《나라사랑》120. 외솔회. 388-410쪽.

- 주도(2015). 한국과 중국의 속담에 나타난 장애인 차별 표현의 비교 연구. 대구대학교 대학원 석사 학위 논문.

- 최혜정(1998). 국어에 나타난 성차별적 표현 연구. 배재대학교 대학원 석사 학위 논문.

- 허재영(2016). 차별 표현의 특징과 생성 요인.《사회언어학》24권 3호. 한국사회언어학회.

- 黒川みどり·藤野豊(2015).《差別の日本近現代史》. 岩波書店.

- 小林健治著/辛淑玉企画(2016).《最新差別語不快語》. にんげん出版.

차별의 말 대신
배려의 말로!

초판 인쇄 2023년 11월 13일
초판 발행 2023년 11월 20일

지은이 김슬옹
펴낸이 정은영
편집 정지연, 박지혜
디자인 마인드윙

펴낸곳 마리북스
출판등록 제2019-000292호
주소 (04037) 서울시 마포구 양화로 59 화승리버스텔 503호
전화 02)336-0729, 0730 **팩스** 070)7610-2870
홈페이지 www.maribooks.com
Email mari@maribooks.com
인쇄 (주)신우인쇄

ISBN 979-11-93270-11-0 (03700)